AF300132

LES COMPAGNIES

AMÉRICAINES

D'ASSURANCES SUR LA VIE

EN EUROPE

UNE ÉTUDE

PAR

Louis SCHOENBERGER

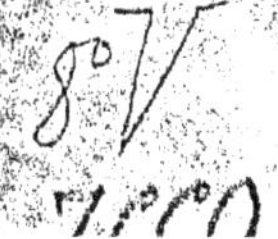

PARIS

IMPRIMERIE NOUVELLE (ASSOCIATION OUVRIÈRE)
11, RUE CADET, 11

1885

LA LOTERIE UNIVERSELLE

AMÉRICAINE

I

Faut-il s'assurer à des compagnies américaines d'assurances sur la vie? Voilà — nous en sommes persuadé — une question qui touche directement, non seulement ceux qui ont l'intention de passer un contrat d'assurances sur la vie ou mixte, mais encore l'intérêt général.

A mesure que les compagnies d'assurances américaines sur la vie prendront solidement pied en Europe, et que s'accroîtra le nombre de millions qui leur sont versés sous forme de primes, les gouvernements seront obligés de s'en occuper.

Si nous jetons un coup d'œil, même rapide, sur nos relations avec l'Amérique, nous voyons que les Parlements et les sociétés d'agriculture de tous les États agricoles, délibèrent sur des mesures de protection propres à combattre ou à entraver l'invasion, par les céréales américaines, de tous les marchés consommateurs et commerciaux, en vue d'empêcher la destruction de la base sur laquelle repose, depuis des temps immémoriaux, l'existence économique de ces États et la mort par pléthore des pays voués à l'agriculture et à l'élève du bétail.

Cet état de légitime défense, où se trouve l'Europe, coïncide avec une mesure, récemment mise en vigueur en Amérique contre l'immigration de *mains* européennes. On refuse désormais impitoyablement l'accès de Castle-Garden — halte obligée des voyageurs qui arrivent à New-York par la voie maritime — à tous les immigrants, s'ils ne peuvent pas prouver être en possession d'un minimum de moyens d'existence. Dans les districts manufacturiers et miniers, les ouvriers indigènes ou établis depuis quelque temps recourent déjà à des mesures violentes pour chasser les nouveaux venus, afin que ceux-ci ne concourent pas à l'abaissement des salaires.

Un télégramme de Washington, arrivé à la date du 23 janvier courant, nous informe en outre de ceci : Une commission de la Chambre des représentants propose *de défendre aux étrangers l'acquisition de biens fonciers en Amérique*. Ce serait là une conséquence extrême de la doctrine de Monroe, réclamant « l'Amérique pour les Américains », ou même une résurrection de l'alliance offensive et défensive des Yankees de vieille roche contre l'Europe — une résurrection du parti des « Knownothings ».

On inaugurerait donc, dans le pays tant vanté de la liberté, une espèce de système féodal, provisoirement dirigé contre les seuls pirates de terres et les grands spéculateurs anglais en biens fonciers, mais dont le but final ne saurait être autre que celui-ci : Faire des Yankees, au point de vue politique et au point de vue matériel, les dominateurs exclusifs du nouveau monde.

On voit par là que les contrastes entre le vieux monde et le nouveau vont en s'accusant de plus en plus violemment. Ces contrastes forment la substance de la question agraire, dont l'importance s'accroît de jour en jour. Ces contrastes ont considérablement accentué la question sociale, qui, pareille au sphinx de l'antiquité, menace de précipiter dans l'abîme celui qui n'est pas capable de dire le mot de son énigme.

Lorsque le champ, sur lequel vit le cultivateur, ne sera plus assez rémunérateur, et que, par surcroît, on lui rendra l'émigration plus difficile, le chiffre du prolétariat désespéré s'augmentera dans des proportions incommensurables. Ces contrastes ont mis à nu, dans la vie des peuples, d'énormes contradictions de l'économie politique, nullement soupçonnées par feu Proudhon et ses émules.

Ce sont ces contrastes qui ont fait naître la fièvre du Congo, le chancelier de l'empire allemand désirant ouvrir en Afrique une soupape de sûreté, afin de protéger l'État contre les explosions de la chaudière bouillonnante du socialisme.

La production en masse des Américains peut, avec le temps, faire dépérir l'agriculture si vantée de pays entiers. La Hongrie, cette région où coulent le lait et le miel, dont les récoltes ont dominé vingt ans durant l'Occident européen, cette Hongrie se voit maintenant obligée de créer, de toutes pièces, et hâtivement, une industrie dans de grandes proportions pour y chercher la compensation du marché universel dont ses produits naturels ont été chassés. De même en Egypte, ce fameux grenier d'abondance de l'ancien monde, le pauvre fellah accablé a été contraint de s'adonner à la plantation du cotonnier, parce que la culture des céréales ne suffisait plus à satisfaire l'avidité des fermiers des impôts et les besoins du harem du bon souverain. La poigne gigantesque du nouveau monde se fait déjà sentir également dans les Indes, ce réservoir d'hommes, le deuxième, comme importance, de toute la terre. La pression de cette poigne ébranlera peut-être un jour la foi fataliste de cent cinquante millions de pieux Hindous, population au sein de laquelle la famine sévit parfois plus impitoyablement que le tigre des jungles, décimant des provinces entières, tandis que, dans les années d'abondance, le paysan, sucé jusqu'à la moelle par des usuriers, ne peut souvent mettre de côté la bagatelle nécessaire pour s'acheter un vêtement de coton, parce que la marée des blés américains inonde tous les marchés du monde.

Imaginons-nous maintenant qu'une invention, faisant époque dans le domaine de la mécanique ou de la translation des forces par l'électricité, vienne donner des ailes aux moyens de transport; invention réduisant à un minimum le taux du fret américain déjà si bas, et au moyen de laquelle on pourra franchir la route maritime qui sépare les Etats-Unis de l'ancien continent, dans le même espace de temps qu'il faut aujourd'hui pour se rendre de Vienne à Londres, ou même de Paris à Lisbonne. Ajoutons à cela un câble battant celui de Mackay-Bennett par des taxes d'un bon marché dérisoire, et le danger pour l'Europe vieillissante d'être brûlée dans sa moelle par le souffle ardent du jeune soleil d'au delà de l'Atlantique deviendra de plus en plus imminent.

II

Néanmoins, notre tâche ne consiste pas à décrire l'influence immense de la vie américaine sur l'avenir de l'Europe. Nous nous contentons modestement de faire une étude concernant les compagnies d'assurances américaines sur la vie. Ces institutions forment également, par la façon dont elles se présentent, et par l'action intense qu'elles déploient, un contraste complet avec les organismes européens similaires. Examinées à une certaine distance, ces institutions présentent les contours grandioses des autres édifices économiques et financiers de l'Amérique.

Elles ne se contentent pas d'attirer dans leur propre pays leurs membres gigantesques et de se rendre tributaire toute l'Europe; elles ont commencé une marche conquérante dans le genre de celle d'Alexandre le Grand, à travers du monde entier, et elles sont chez elles aussi bien à Paris et à San-Francisco qu'à Calcutta et à Melbourne.

Leurs apôtres, le nouvel évangile des assurances à la bouche, parcourent le monde, du Hudson au Gange, des colonnes d'Hercule au détroit de Behring, du lac Malar à la mer du Corail. Ils se sont, de leur propre chef, proclamés les administrateurs des économies de quatre continents, et représentent, par leur système d'assurances genre tontine (1), dont nous détaillerons plus loin le caractère peu solide et décevant, une espèce de *loterie universelle*, qui a ses non-valeurs et ses gros lots et ressemble à l'échiquier de ce schah de Perse, où des satrapes, costumés *ad hoc*, représentent les rois et les pions, avec la seule différence que, dans ce dernier cas, il s'agit d'une joute de noble émulation, tandis que, dans la tontine, les vainqueurs foulent aux pieds sans miséricorde les vaincus après les avoir au préalable complètement dépouillés. Car, il faut que nous le disions dès le début, cette loterie universelle, représentée par la tontine américaine, a tout le cachet du yankeïsme impitoyable en affaires. Ainsi

---

(1) Une combinaison ainsi nommée d'après son inventeur Tonti.

les malheureux pris dans cet engrenage perdent tous leurs droits et la totalité de leurs primes, versées même de nombreuses années durant, souvent en s'imposant les plus grandes privations, les plus grands sacrifices — ils perdent tout, — disons-nous, jusqu'au dernier sou, y compris les intérêts, s'ils négligent ou sont hors d'état de payer *une seule* prime échue — fût-ce la dernière. — Et au profit de qui? Au profit de ceux qui persistent jusqu'au bout. Nous avons donc affaire, dans l'espèce, à une spéculation sur la misère, la légèreté et les mille hasards malheureux auxquels l'homme est exposé dans un espace de vingt ans.

Toutes les fois qu'expire la période d'assurance d'une série d'assurés à une tontine de quinze ou vingt ans, les illustres directeurs de la « New-York » et de l' « Equitable » se réunissent solennellement à New-York, dans un merveilleux palais, pour procéder à la distribution des bénéfices réalisés dans toutes les parties du monde, de la façon décrite plus haut, et des intérêts accumulés sur ces bénéfices. Il est probable qu'à cette occasion l'on fait l'aumône d'une larme de pitié aux tombés, c'est-à-dire à ceux dont les versements sont confisqués parce qu'ils ont négligé ou qu'ils ont été incapables de payer une seule prime. — Or, des milliers d'assurés peuvent être dans ce cas, et *il faut* qu'il y en ait des milliers pour que les profits réalisés soient considérables. — Il est probable aussi qu'à cette même occasion les heureux gagnants qui touchent leur part de cette loterie doivent, en tout état de cause, se contenter de donner quittance, avec des remerciments en plus, de ce qu'on leur offre, car un contrôle de la gestion de ces tontines pourrait bien, dans les conditions actuelles, appartenir au domaine de l'impossible.

Oui, la tontine est, — on le verra bien dans le chapitre qui lui est spécialement consacré dans la présente étude, — le véritable arcane qui procure à *tout un chacun*, contre payement d'une modique prime annuelle, la félicité terrestre; car, dans les imprimés, on « promet » aux assurés, en se basant sur certains calculs aux données incertaines, monts et merveilles, c'est-à-dire jusqu'à 400, nous disons bien quatre cents pour cent de leur mise. Mais laissons là les pour-cents, c'est par trop mesquin. Parlons des compagnies d'assurances américaines sur la vie, qui vous assurent votre existence, et l'existence de vos enfants *absolument pour rien*, pourvu que vous restiez leur client pendant vingt ans consécutifs et que vous opériez vos versements avec toute la régularité possible !

Vingt-quatre heures, au plus tard, après l'expiration de la vingtième année, tout le montant versé est remboursé en espèces avec un bénéfice considérable en plus, et par-dessus le marché, la police d'assurances sur la vie, — qu'elle soit de 1,000 ou de 100,000 francs. — reste en vigueur. N'est-ce pas là un véritable miracle à s'agenouiller devant ? On se demande pourquoi M. de Bismarck et ses conseillers se cassent encore la tête afin de trouver le mode le plus avantageux de retraites pour la vieillesse. etc. ? N'ont-ils pas sous la main la police économique des tontines, cette véritable et authentique réforme sociale ? Qu'ils assurent à l' « Equitable » ou à la « New-York », tous les quarante millions d'Allemands, aussitôt qu'ils auront atteint l'âge de raison. et toutes les têtes de l'hydre du socialisme seront tranchées du même coup. Après l'acquittement régulier et ponctuel, vingt ans durant. des primes, payées moyennant des prélèvements sur la tour dite de *Jules* (1). un fonctionnaire supérieur de la « Banque de l'empire allemand » partira pour New-York, afin d'y toucher les sommes placées, plus les bénéfices respectifs. Alors l'Allemagne tout entière fourmillera d'héritiers joyeux, car chaque bon Germain aura dans sa poche une police d'assurance sur la vie d'au moins 10.000 marcs. Quel dommage que le bon Henri IV n'ait pas connu la tontine américaine !

Mais, de même que tout miracle attendu suppose un prophète qui l'ait annoncé, la merveilleuse action de la police sur la base des tontines possède. elle aussi, son apôtre saint Jean. en la personne du très honorable sieur Guillaume Barnes. surintendant de l'office des assurances à New-York ; c'est lui qu'invoque l' « Equitable ». — C'est lui qui célèbre ce plan d'assurances comme une invention faisant époque, à l'aspect de laquelle on se dit. comme pour tant de découvertes dans les arts et dans la science, que « le véritable

---

(1) Tour de la forteresse de Spandau, où le gouvernement allemand dépose ses réserves de numéraire en prévision d'un cas de guerre.

miracle, c'est que l'humanité soit restée pendant si long-temps sans faire cette invention ». Voilà ce que nous affirme le surintendant, et vingt-cinq notabilités de New-York confirment, sous la foi de leurs signatures et de leurs sceaux, que pareille chose n'a jamais été offerte au public et que la parole de l'honorable William Barnes est, à elle seule, une preuve suffisante de la valeur de la « découverte ».

La « New-York », elle, a des allures un peu plus modestes, en recommandant au public sa « police avec accumulation des bénéfices ». A l'en croire, ces polices donnent un résultat « dépassant tous les profits et avantages résultant d'opérations financières et commerciales ». En bonne conscience, un habitant civilisé quelconque des quatre parties du monde, s'assurant à la « New-York », peut-il exiger davantage?

III

On voudra bien nous concéder que ces établissements d'assurances, qui ont à cette heure même commencé à révolutionner les systèmes d'assurances européens, sont sans exemple dans l'histoire. Autre côté curieux et mystérieux de ces conquérants de l'univers travestis en agneaux : ils ne représentent pas de compagnies par actions, pas des entreprises ayant pour but le profit, mais ils ont organisé, en apparence, une espèce de service cosmopolite de samaritains, afin de venir en aide aux vieillards, aux veuves et aux orphelins des quatre parties du monde, afin d'en avoir soin. N'ont-ils pas fondé leur organisation sur le principe de la mutualité? Avec cette différence remarquable cependant, que l'édifice du *Selfgovernment* sans bornes a un couronnement autocratique, en ce sens que ce ne sont pas les assurés, mais bien des membres du conseil d'administration, des directeurs de père en fils, qui siègent au delà de l'Océan, fonctionnent comme régents, sur le modèle des principes américains; que, dans le nombre des banquiers, directeurs de banques, avocats et prédicants, tous personnages distingués qui représentent l'administration et disposent de la vie de foules habitant les quatre continents, il peut se trouver aussi des spéculateurs à la Bourse universellement connus, des liquidateurs de métier, c'est-à-dire des personnes dont les cœurs battent, à n'en pas douter, pour la seule humanité ; — que finalement les millions versés par les assurés des quatre parties du monde ne peuvent être placés qu'en titres américains (1).

Mentionnons en passant que « l'Equitable » possède un capital social de 100,000 dollars, auquel sont garantis des intérêts à 7 0/0 et que les propriétaires des mille parts de 100 dollars, dont se compose ce capital, sont précisément les directeurs de cette même « Equitable ». La « New-York » étant un établissement basé complètement sur le principe de la mutualité, ne possède pas de fonds analogue, fait qui, d'ailleurs, la nature des choses l'indique, est sans importance.

Contemplées de notre point de vue européen vieilli, nous le savons, ces institutions d'assurances constituent donc, pour ainsi dire, un Etat dans l'Etat, ou plutôt un monde à part. Chez nous, l'administration tient beaucoup à son droit de faire contrôler, par des organes officiels, toute caisse d'épargne des provinces et la plus petite banque de dépôts ; elle n'accorde que dans des circonstances tout à fait extraordinaires — il faut qu'il s'agisse de la fondation d'un hôpital ou de secours en faveur de malheureux frappés d'une inondation, etc. — la concession d'une loterie, et encore avec des pouvoirs très limités. Elle interdit, en outre, à tout citoyen de l'Etat, la participation à des loteries de l'étranger, où la mise entière peut être perdue.

Comment alors les institutions d'assurances susmentionnées cadrent-elles avec cette administration ? A la vérité nous avons un règlement concernant les assurances, auquel sont également assujetties les institutions d'assurances étrangères, du moment où elles établissent des succursales chez nous ; mais nous verrons, par ce qui suit, que cette protection contre les compagnies américaines d'assurances qui font de la propagande dans notre pays, ne saurait suffire

---

(1) Les personnes auxquelles la surveillance est soi-disant confiée en Europe, n'ont aucun pouvoir réel dans l'administration, chaque police, pour être valable, devant être signée à New-York.

qu'en très petite partie. Chose assez.curieuse : le législateur
d'un État où règne, du reste, la liberté la plus illimitée en
fait de transactions, et cela dans le pays même qui a vu
naître l' « Équitable » et la « New-York » a, mis obstacle à
l'établissement d'assurances genre tontine. Ainsi que le président de la « Mutual Provident Society », une des Compagnies d'assurances les plus considérables de l'Australie, l'a
fait expressément ressortir dans un discours adressé à l'assemblée générale, la tontine est défendue dans l'État du
Massachusets (1). (Voir : « Une voix de l'Australie sur la
Tontine.)

<h2 style="text-align:center">IV</h2>

Si nous avons fait des compagnies d'assurances américaines
sur la vie immigrées en Europe l'objet de notre étude, ce
n'est pas, bien entendu, pour organiser une battue dans les
journaux sur le modèle connu, et encore moins est-ce une
manœuvre dictée par un esprit de concurrence, ainsi que
l' « Equitable » a prétendu le faire accroire plusieurs fois
au public. Non, ce n'est nullement cela.

En prenant la plume c'est, à proprement parler, comme
pionnier de l'avenir que nous écrivons, car nous sommes
convaincu que, tôt ou tard, si la « New-York » et

---

(1) « Le Massachusets est un des quarante États confédérés de l'Union
« de l'Amérique du Nord, et l'on sait que chacun de ces États possède
« une administration et une judicature complétement autonomes. Il ré-
« sulte, d'ailleurs, implicitement de la loi des assurances en vigueur
« dans cet État, que la tontine est forcément interdite dans le Massa-
« chusets ; car, aux termes de cette loi, une police sur laquelle les
« primes ont été payées deux ans durant ne peut, en aucun cas, être dé-
« clarée caduque — mais a droit au capital assuré dans la proportion
« des versements opérés. — Voici un extrait de l'article de loi en ques-
« tion : » « Aucune police n'est sujette à déchéance, une fois deux paie-
« ments annuels effectués, et, dans le cas où l'assuré négligerait le paie-
« ment d'une prime subséquente quelconque, la compagnie reste engagée
« envers l'assuré du montant de primes payées équivalant à la valeur
« nette de la police, moins les frais de résiliation et toute dette que
« l'assuré peut avoir contractée à l'égard de la compagnie.

« Des frais de résiliation seront encore exigibles, lorsque l'intérêt de
« conserver l'assurance sur la vie d'un assuré aura cessé d'exister,
« pourvu que deux paiements annuels aient déjà été effectués. »

l' « Equitable » réussissent à accaparer le domaine des assurances en Europe, des autorités plus compétentes et plus puissantes que nous s'occuperont de cette question.

Il est dans la nature des choses que notre attention ait été, il y a un an déjà, appelée sur les établissements d'assurances américaines sur la vie. C'est au moment où éclata, à la fin de 1883, la grande crise des chemins de fer en Amérique, qui a éclipsé tout ce qui l'a précédée dans ce genre et causé au public une perte de plus de deux milliards de francs, que nous avons fait de la situation financière au delà de l'Atlantique l'objet d'études particulières dans la mesure où cela était possible à une pareille distance. Les correspondances de Londres de notre journal (1) se sont occupées, semaine par semaine, des événements dont Wall Street, à New-York, était le théâtre. Ces correspondances ont trouvé de l'écho jusqu'en Amérique, puisque un journal considérable américain la « New-Yorker Handelszeitung » a, en son temps, jugé opportun de les combattre.

Il faudrait dépasser de beaucoup le cadre réservé à la présente étude, à vouloir décrire en détail, d'après les sources, les manœuvres frauduleuses qui ont eu lieu autour des voies ferrées de l'Amérique. Il n'y a cependant guère de matière plus propice pour l'historique partiel des finances, ou plutôt de la civilisation et de la morale américaines.

Cette Iliade, ultra-moderne, n'a pas manqué d'avoir son Achille en courroux et son Ajax furieux à côté de l'Ulysse plein de ruses et du sage Nestor. De même que, dans l'épopée d'Homère, assiégeants et assiégés épuisent tous les stratagèmes jusqu'à ce qu'ils en arrivent à se déchirer « corps à corps dans la lutte meurtrière d'hommes », de même, dans cette guerre de chemins de fer, c'est la quintessence du yankeisme qui célèbre ses plus beaux triomphes.

Et lorsque les « manœuvres (tricks) » imaginées avec le plus d'adresse et les « étranglements » combinés avec un raffinement extraordinaire ne réussissent pas, oh ! alors, les défis insensés ne font pas non plus défaut. On ne recule pas devant les risques les plus téméraires pour emporter d'assaut

---

(1) L'auteur de cette brochure, est le rédacteur en chef du journal financier viennois « *le Bœrsen und Handelsbericht* ».

le château-fort des millions de l'adversaire. Cette guerre a fait rage sur toute la ligne pendant des mois entiers, elle dure même encore dans une certaine mesure. Non content d'aligner l'armée, de jour en jour accrue, des actions et des obligations, les chefs qui commandent dans cette lutte acharnée, agissant à l'instar de Polyphème, furieux contre Ulysse qui l'a dupé, et essayant de l'écraser, lui et ses compagnons, sous des blocs de granit, utilisent les lignes ferrées en guise de projectiles. De nouvelles lignes poussent comme des champignons dans une seule nuit pour étouffer dans son germe la prospérité d'une autre ligne pleine d'avenir. de vieilles lignes très rémunératrices sont positivement tuées en un tour de main (1) par des tarifs de pénétration et des intrigues autour du prix de fret. Un jeu de hasard des plus effrénés sur les actions et les obligations sévit à la Bourse. et lorsque c'est la marée montante de la spéculation et de la fureur du jeu. la lutte entre les « bulls » et les « bears » (taureaux et ours. — haussiers et baissiers) grandit. grandit jusqu'à devenir un véritable paroxysme.

Ce sabbat infernal. gigantesque. jette ensuite ses reflets sur toutes les contrées de l'Union.

La gloire des Vanderbilt. Jay-Gould. Russel-Sage. Jim-Keene. J. S. Seneys. Fisk et Hatch. etc., généralissimes dans ces batailles où le sang ne coule pas. mais où l'on place tous les jours sur une carte des fortunes immenses. et où l'on risque les spéculations les plus casse-cou pour obtenir la récolte des millions, — cette gloire, disons-nous, éclipse celle des généraux victorieux qui. vingt ans auparavant. avaient sauvé l'Union. Il est vrai que le nom du général Grant, ancien généralissime de l'armée de l'Union, retentit toujours aux oreilles du public. mais hélas! de quelle manière! Lorsqu'éclate la banqueroute scandaleuse de Grant (Jeune) et Ward. — un passif de 18 millions de dollars contre un actif de 60,000 dollars, — le glorieux vainqueur de Richmond. l'ancien président de la puissante République

---

(1) A la Bourse de New-York, les lignes construites pour en ruiner d'autres sont qualifiées de « chats sauvages (wild catlines) » parce que, leur nature l'indique, elles se jettent sur leurs victimes avec la féroce avidité des chats sauvages. L'Europe a perdu beaucoup d'argent sur des actions et obligations de chemins de fer américains, grâce à ces *wild catlines.*

transatlantique, l'humiliateur de l'orgueilleuse Angleterre dans la question de l'Alabama, cet homme si important est traité, — les journaux l'ont raconté récemment, — par le noble Vanderbilt, comme un spéculateur à la Bourse quelconque devenu insolvable et saisi jusqu'à la chemise pour une créance de 100,000 dollars (1).

Malheureusement, le nom de Grant ne représente pas seulement la gloire guerrière de l'Union de l'Amérique du Nord, mais aussi la flétrissure de la corruption politique et morale, car c'est sous sa présidence que la corruption, les concussions, les abus de pouvoir ont été plus que jamais à l'ordre du jour dans l'administration des divers États et communes de l'Union. C'est à l'abri du parti républicain au pouvoir, qui avait hissé le général Grant sur le pavois, que le groupe mal famé, connu sous le nom de « Érie-Ring », a pu dépouiller, au vu et au su de tous, le public américain de nombreux millions; c'est sous sa protection qu'a pu se former le « Tamany-Ring », d'une réputation tout aussi honteuse, qui a dominé et exploité la ville de New-York pendant des années entières. Les fonctionnaires, les membres du Congrès, ont fait accorder, à beaux deniers sonnants, des concessions de chemins de fer et de terrains. Les enquêtes ne donnaient jamais de résultat, le chef de l'État les contrecarrant ouvertement par le maintien ou même par l'installation de fonctionnaires connus pour être corruptibles. Mais l'administration ne s'est pas beaucoup amendée sous le successeur du général Grant, témoin l'histoire de l'Office des assurances à New-York, histoire démontrant qu'en 1872 et en 1873 deux chefs supérieurs de ce rouage administratif ont dû résigner leurs fonctions pour cause de corruptibilité prouvée.

Une crise semblable à celle des chemins de fer, mais moins formidable dans ses conséquences, avait éclaté quelques années auparavant au sein des institutions d'assurances américaines. Notre tableau annexé à la présente étude prouve que, dans la période de 1867 à 1880, non moins de cent vingt-huit compagnies d'assurances sur la vie ont disparu de

____

(1) D'après une autre version, répandue à New-York, Vanderbilt, l'homme à la poche pleine et au cœur charitable, n'aurait fait procéder à cette saisie que dans l'intérêt de Mme Grant. Celle-ci aurait cependant décliné l'offre généreuse.

la scène, et la chronique est très riche en exemples terrifiants de la façon dont un grand nombre de ces compagnies ont abusé de la confiance du public, qui, de ce chef, a perdu beaucoup de millions de dollars.

Voilà ce qui a discrédité considérablement les assurances sur la vie aux États-Unis. La meilleure preuve de la réalité de ce fait, c'est « l'Insurance Year Book de 1881 » qui nous la fournit. Voici ce que nous y lisons : Tandis qu'en 1870, soixante-et-onze compagnies ont présenté un relevé accusant une augmentation de 614,762,420 dollars du capital assuré, cet accroissement n'est plus, en 1877, que de 156,501,129 dollars, et il n'existe plus que trente-quatre de ces compagnies d'assurance sur la vie par actions. Le nombre des établissements est donc réduit de moitié et le chiffre de l'accroissement annuel de trois quarts.

C'est probablement à la suite de cette décadence en Amérique des affaires relatives aux assurances sur la vie, que deux grandes compagnies de ce genre ont pris la résolution de chercher un champ plus fertile à leur activité. — C'est ainsi que nous voyons l' « Équitable » et la « New-York » conquérant pas à pas le terrain dans les autres parties du monde. — Ce sont ces deux compagnies que vise la présente étude, les autres compagnies d'assurances américaines sur la vie restant hors de cause.

Après avoir établi ces points de vue généraux, nous allons discuter en détail les dangers d'une assurance sur la vie auprès d'une compagnie américaine.

⁂

TROIS QUESTIONS

On hésite, chez nous, à acquérir, à titre de placement de capitaux, les obligations de chemins de fer américains, bien que l'on puisse les obtenir à des prix beaucoup plus bas que les titres similaires indigènes, et ce sont seulement des spéculateurs — gens qui sont toujours sur le qui-vive, — qui s'intéressent exceptionnellement à des valeurs transatlantiques, promettant de gros bénéfices. Il serait à peine possible de déterminer un capitaliste prudent, du continent européen, à faire un placement, même temporaire, dans de actions d'une banque de New-York ou de Boston, les bilans de ces banques fussent-ils d'un éclat inusité, dussent-ils faire espérer un avenir des plus prodigieux. Un père de famille avisé n'aura pas, même en rêve, l'idée de confier ses économies, pour les faire fructifier, à une banque d'épargne de l'Amérique, au lieu de s'adresser à une caisse d'épargne indigène, — par ce motif qu'il y aurait peut-être lieu d'obtenir un pour cent en plus. Et l'on oserait contracter une assurance sur la vie, ou une pension de retraite pour la vieillesse avec des compagnies d'assurances sur la vie transatlantiques ? Est-ce que nous avons besoin d'expliquer au long la signification profonde et grave de l'assurance sur la vie avec toutes ses conséquences tangibles et celles qu'il est impossible de prévoir? Dans la plupart des cas, c'est son sang le plus pur qu'on sacrifie pour arriver à conclure une police d'assurance en faveur de ceux qui seront veuves ou orphelins. Et ce pacte sacré, qu'avec une abnégation sublime un père de famille prévoyant conclut avec la mort, on le traiterait avec moins de prudence qu'un placement de capital ordinaire!

Mais laissons là le sentimentalisme. Prenons la chose de son côté pratique. Les questions qui suivent se présentent, pour ainsi dire, d'elles-mêmes :

1. Quels sont les directeurs et les membres des conseils d'administration auxquels nous allons confier les soins de notre vieillesse, éventuellement, l'avenir de nos femmes et de nos enfants ?

2. En quelles valeurs sont placés les millions de dollars qui figurent sur les bilans des compagnies d'assurances américaines sur la vie, — en tant que capitaux fructifiants et en tant que réserves de bénéfices et de primes?

3. Quelle est la nature de l'organe administratif chargé du contrôle direct de ces compagnies d'assurances en Amérique?

***

1e La « New-York » énumère, sur ses prospectus, 16 noms, et l' « Équitable » en cite même pour elle 52, qui représentent les administrations respectives de ces compagnies. Il va sans dire que les porteurs de ces noms sont bien connus en Amérique, mais en France, et probablement dans la plus grande partie de l'Europe, on est dans l'ignorance la plus complète sur le caractère et la position de ces Messieurs vis-à-vis de l' « Équitable » et de la « New-York ». Comment un homme qui s'assure en France ou en Autriche, etc., peut-il donc confier à vie son argent à ces administrateurs ?

Or, on prétend que les fonctions exercées par ces Messieurs dans l' « Équitable » sont des fonctions purement honorifiques. Nous serions donc forcés de nous incliner respectueusement devant ces cinquante-deux samaritains, qui envoient leurs missionnaires dans toutes les régions du monde pour devenir l'appui des veuves et des orphelins. D'après ce que l'on sait des statuts de l' « Équitable », les propriétaires des 100,000 dollars qui représentent tout le capital social de l' « Équitable », touchent 7 0/0 d'intérêts annuels. Comme tantièmes et dividendes, personne ne perçoit rien. C'est ce que l'on nous dit, au moins.

Vu la morale dans les affaires, telle qu'elle règne en Amérique, ce spectacle de 52 financiers américains se vouant à cette œuvre de samaritain dans l' « Équitable », serait trop beau dans ces conditions. Malheureusement nous sommes « déjà rongés par le doute » depuis que nous savons que les amis du fameux Jay Gould, qui portent les glorieux noms de Russel Sage, Sidney Dillon, Humphrey, etc., siègent dans le conseil d'administration de la « *Mercantile-Trust-Company* », établissement dont l' « Équitable » est le principal actionnaire. Nous trouvons encore certains noms parmi ceux des samaritains de l' « Équitable », tels que : *Ashbel Green, Horace Porter, J. M. Cook*, impliqués dans diverses histoires de chemins de fer fort intéressantes. Entre autres, nous lisons dans une feuille américaine que l'on a pétitionné pour obtenir la *destitution* d'Ashbel Green en tant que « *Receiver* » (administrateur) dans la ligne ferrée de New-York-West-

Shore à Buffalo et dans la « *North-River-Construction-Company* », Nous trouvons, en outre, sur M. Jos. F. de *Navarro*, ami intime de Jay Gould et membre du conseil d'administration de l' « Équitable » et de la « *Mercantile-Trust-Company* » une note édifiante, tirée des « Tribunaux » d'une feuille américaine et que nous reproduisons textuellement. La voici :

« Dans le procès « Mack Morris Mining C^e », intenté par Sylvestre H. Langdon, à Clinton B. Fix, Jos. de *Navarro* et autres, le juge Cullen, de la cour suprème de l'Etat de New-York, a nommé rapporteur M. George B. Abbott, à l'effet de procéder à l'examen des comptes et d'en référer au tribunal. Les défendeurs avaient, pour une mine achetée 200,000 dollars, fondé une société par actions de 10 millions de dollars. Langdon avait, de bonne foi, acheté de ces actions et demande maintenant aux fondateurs la restitation de son argent, ce à quoi il est fondé en droit. »

Beaucoup, parmi les messieurs qui protestent de leur amour du prochain dans les compagnies américaines, et se sont, par pure charité, chargés de l'administration des fonds affluant de toutes les parties du monde, disons même la plupart d'entre eux sont très probablement d'honnêtes gens. — malheureusement on ne les connait pas chez nous, et c'est à ces coryphées financiers ignorés, qui demeurent à une distance de deux mille lieues de chez nous, que les populations de l'Autriche, de la France, etc., confieraient leurs petites économies, c'est avec eux qu'elles passeraient des contrats devant rester en vigueur au delà de leur tombe ! Jetez donc un coup d'œil sur l'Angleterre, la Hollande et l'Allemagne du Sud, où l'on est beaucoup plus familiarisé qu'ici avec la situation en Amérique. Dans ces pays, les détenteurs de *bonds* de chemins de fer américains ont partout constitué des comités de défense, qui repoussent comme radicalement insuffisante la protection des intérêts telle qu'elle est pratiquée aux Etats-Unis et cherchent à faire entrer leur propre monde dans les conseils d'administration, qui vont même jusqu'à poser, comme condition principale de la continuation de leur concours, le droit, pour leurs délégués, de siéger avec voix délibérative au sein des conseils d'administration.

Ce fait s'est produit à propos de la ligne Rio-Denver, dont les obligations sont en souffrance à la suite de manœuvres frauduleuses récentes, à propos des lignes de Buffalo, etc. Et ceux qui entendent s'assurer pour le cas de décès à une compagnie d'assurances américaine sur la vie, se contenteraient d'une copie des noms des membres du conseil d'administration, lorsqu'on voit figurer sur ces listes des personnalités comme Ashbel Green, Horace Porter, J. Mc. Cook, Jos. F. de Navarro, etc. !

Qui se chargera de garantir, pour une durée de 20—30 ans, une compagnie d'assurances américaine sur la vie, fût-elle même momentanément aussi solvable que la « New-York » et eût-elle même une étendue plus vaste que « l'Equitable » ?

En Amérique, on vend non-seulement des machines infernales, mais on monte encore publiquement des coups de Bourse, préparés avec un raffinement dont on n'avait pas encore eu d'exemple et exécutés avec les moyens les plus gigantesques, coups ayant pour but de déposséder une ligne ferrée et de faire sauter des sociétés par actions. Qui vous garantira, pour le cas où la corruption dans toutes les branches de la vie du négoce continuerait à faire des progrès, qu'un beau jour il ne se forme quelque syndicat (ring) sur le modèle connu, ayant pour but de miner une compagnie d'assurances sur la vie en pleine prospérité ? Nous ne désirons exagérer à aucun prix, mais la chose n'est pas tout à fait impossible, et ni la France, ni aucun autre pays ne feront la guerre à l'Amérique pour une affaire de cette nature.

Nous voilà arrivé à la deuxième question : De quelle nature sont les établissements où les compagnies américaines d'assurances sur la vie déposent leurs fonds, voire leurs réserves de primes et de bénéfices ?

Même nos financiers les plus experts ne sauraient faire de réponse précise à cette question. Le système financier américain, en ce qui concerne les chemins de fer, est tellement compliqué, qu'il faut une étude approfondie pour s'y reconnaître même à moitié. Le taux de la rente n'étant pas suffisamment rémunérateur, les compagnies américaines n'ont placé en titres de la dette nationale que la plus petite partie de leurs capitaux. L'élément principal de leur actif se compose de propriétés foncières, de *bonds* de chemins de fer, d'obligations des États et des communes, d'hypothèques et prêts sur titres à courte échéance (*lombard*).

Or, d'après ce que l'on sait depuis des années déjà, nous n'avons plus besoin de prouver à nouveau que ces placements de capitaux, d'une nature complètement ignorée chez nous, doivent inspirer de la défiance sous plus d'un rapport. Que la corruption gagne une compagnie d'assurances sur la vie quelconque, les faiseurs malhonnêtes tenteront naturellement d'abord d'y glisser leurs titres véreux parmi les valeurs de tout repos servant de placement. Et que peut faire, pour s'y opposer, l'innocent client d'une compagnie semblable, fût-il même versé dans la pratique compliquée des hypothèques de chemins de fer américains? Cette défiance vient d'éclater tout récemment à la Bourse de Londres. Celle-ci raye de la cote, non pas comme l'on croirait des valeurs douteuses de création récente, mais des obligations de grandes lignes anciennes, dont des séries antérieures ont été depuis longtemps introduites à Londres et y sont cotées officiellement. Et pour ce qui est de la sécurité qu'offrent les obligations américaines des États et des communes, tout le monde peut s'en faire une idée après avoir lu le très-curieux article de M. Hume (Voir plus loin), emprunté directement à des sources américaines. Cet article importe beaucoup à notre exposé, attendu qu'il s'appuie sur une description de *l'honnêteté américaine* en matière financière, thème traité par M. John T. Hume, généreux patriote américain. Cette description, publiée dans le *North American Review*, de New-York, est intitulée : « *Sommes-nous un peuple de gredins?* » Qui pourra, après la lecture de cet article, s'assurer chez les Américains?

Or, les avantages concédés au public des assurés par les compagnies d'assurances américaines sur la vie, reposent en grande partie sur les intérêts élevés payés pour les *bonds* de chemins de fer et des obligations communales, dans lesquels ces compagnies placent leur capital pour le faire fructifier. C'est sur cette base dangereuse que roulent les immenses transactions desdites compagnies.

Il n'y a pas lieu de douter que, d'une part, ce taux plus élevé des intérêts implique des dangers, et que, d'autre part, il ne saurait se maintenir à la longue.

Les placements de ce genre sont, par conséquent, déjà assez inquiétants. Mais que dire des prêts sur valeurs de Bourse également consentis au moyen des capitaux des assurés ? La liste des transactions faites par la « New-York » et l' « Équitable » dans cette branche, remplit de nombreuse-pages dans le Rapport officiel du département des assurances *(Insurance Report)* ; on y voit figurer toute une kyrielle variée d'obligations américaines de chemins de fer, de télé-graphes et de gaz, des fonds divers, des actions, etc., la plus part du temps par parties considérables, par centaines de milliers de dollars ; et, vu les relations étroites des direc-teurs des compagnies d'assurances avec les sommités finan-cières de New-York, il est permis de supposer que c'est de préférence avec ces sommités qu'ils cultivent cette branche d'affaires ; car, lorsque la raison sociale malfamée Grant et Ward avait fait faillite, — première victime de la grande crise, au mois de mai 1884, — on a pu constater que l' « Équi-table » avait avancé à cette raison sociale, contre dépôt de six lots de diverses valeurs, la somme de 1,100,000 dol-lars. (V. le *New-York Herald* du 22 mai 1884.)

Naturellement nous ne saurions apprécier si l' « Équi-table » l'a oui ou non échappé belle dans cette affaire-ci ou dans d'autres, et nous ne songeons pas non plus à démon-trer que l' « Équitable » et la « New-York » aient subi des pertes. Ce qu'il faut dire hautement, c'est que la façon dont se fait le placement des capitaux des assurés en prêts sur valeurs est condamnable en tout état de cause. Que les com-pagnies américaines s'accrochent tant qu'elles veulent à cette source riche en bénéfices : le surintendant tant vanté de leur office des assurances, M. John A.-Mc Call jeune, est déjà lui-même arrivé à reconnaître que cela ne pouvait plus continuer ainsi. Voici son langage à ce sujet dans l'*Insurance Report* :

..... On ne sait que trop qu'une hausse à la Bourse at-
« teint toutes les valeurs cotées, qu'elles soient la propriété
« d'une compagnie ou qu'elles ne constituent que le gage
« d'un prêt. Il va sans dire, par conséquent, que les prêts

« sur des effets de cette nature exigent une surveillance
« constant: des modifications rapides et variées du marché.
« *Mais ces placements ne sont pas du tout à leur place dans*
« *le bilan d'un établissement qui ne fait que gérer des*
« *sommes à lui confiées.*

« L'assurance sur la vie est basée aussi bien sur la cons-
« tance de la valeur que sur la solidité du placement. Le
« tic-tac de l'appareil télégraphique dans les bureaux de la
« compagnie prouve bien la prudence de la direction, qui
« observe attentivement les différences de valeur des effets
« lombardés, mais ce tic-tac trahit, malheureusement aussi,
« le doute sur l'opportunité des placements de ce genre. Il
« faut espérer qu'après la promulgation de la loi mention-
« née au débat, il n'y aura plus nécessité ni de recourir à
« des prêts analogues, ni d'avoir un appareil télégraphique
« dans les bureaux des compagnies d'assurances, *et que l'on*
« *ne les connaîtra plus qu'à titre de tristes souvenirs.* »

De même que toutes les compagnies américaines d'assurances sur la vie, l' « Équitable » et la « New-York » font
aussi de grandes transactions hypothécaires. A ce propos
également, se pose la question suivante, savoir : A quels
risques ces transactions ne sont-elles pas exposées, s'il est
possible, — comme cela vient d'arriver dans le Missouri,
il y a quelques mois seulement — qu'à propos de la plainte
d'une banque de l'Illinois, le juge suprême de l'Etat se pro-
nonce *en faveur* du débiteur hypothécaire, en s'appuyant sur
le considérant salomonien que voici : Un capitaliste domi-
cilié en dehors du Missouri ne saurait réclamer la protection
de la loi de cet Etat. Or, ce qui est possible dans le Missouri
peut prochainement se reproduire dans le Texas etc.
Sur un territoire où des Etats, des villes et des corporations
se soustraient violemment à leurs obligations, nous ne
saurions être surpris de voir que l'individu imite leur exemple, et notamment lorsque la plus haute autorité judiciaire
l'appuie dans ses agissements. Mais comme ce cas pourrait
sembler incroyable, nous allons citer, ici même, la note y
relative, telle qu'elle a figuré dans un journal américain,
la *New-Yorker Handelszeitung* du mois d'août 1884. La voici :

« *Placements hypothécaires dans le Missouri.* — La « Con-
necticut Mutual Life Insurance Company », qui a, dans

l'espace des derniers vingt-cinq ans, prêté sur hypothèque plus de 17 millions dans le Missouri, a fait savoir à M. Moris, son agent financier à Saint-Louis, qu'à l'avenir elle n'accorderait plus de prêt hypothécaire dans l'Etat de Missouri, attendu que la Cour suprême de cet Etat s'était récemment prononcée, dans un procès intenté par une banque de l'Illinois à un débiteur hypothécaire du Missouri, *en faveur de ce débiteur, et que l'un des considérants de son arrêt était celui-ci : « Que les prêts hypothécaires de capitalistes domiciliés en dehors du Missouri n'avaient aucun droit à la protection de la loi dans le Missouri. »*

*
* *

Nous voici arrivé à la troisième question : Comment est fait le contrôle de l'Etat, duquel relèvent directement les compagnies d'assurances sur la vie en Amérique ?

La réponse à cette question n'est pas non plus favorable à ces compagnies d'assurances ; car l'un des côtés les plus laids de l'organisme politique des Etats-Unis est la corruption dans le domaine administratif qui fait voir, de temps en temps, sous un jour sinistre, certaines excroissances de la civilisation dans la glorieuse république transatlantique. Sous ce rapport, on renverra le public avec raison à la statistique instructive des faillites des Compagnies d'assurances sur la vie en Amérique, qui ont, en dépit des contrôleurs généraux, institués exprès à cet effet (la protection de l'assuré), causé aux assurés des pertes se montant à plusieurs millions de dollars. On peut prouver, en s'appuyant sur des enquêtes officielles, faites en Amérique en 1878, que, dans le pays même où sont nées ces compagnies d'assurances sur la vie, les faillites de tant de compagnies ont été qualifiées de résultat d'une administration malhonnête et mauvaise. A quoi sert donc la surveillance exercée par l'Etat ? Et comment cette surveillance se pratique-t-elle ?

Dans une brochure très répandue, parue à Paris en 1883, et que nous avons sous les yeux, il est dit :

« Depuis la création du département des assurances dans « l'Etat de New-York, en 1859, sept personnages ont été à la « tête de cette institution. Le deuxième d'entre eux, un sieur

« Georges W. Miller a été, dès 1872, accusé d'avoir, sous pré-
« texte d'honoraires pour des enquêtes faites par lui et ses
« délégués, extorqué des sommes considérables aux com-
« pagnies. Une instruction ouverte à ce sujet ayant prouvé
« que ces accusations étaient fondées, Miller a été suspendu
« de ses fonctions; mais il a préféré éviter des instructions
« ultérieures en donnant purement et simplement sa démis-
« sion.

« On a convaincu le sieur F. Smith, quatrième chef de ce
« département, qu'il a touché la somme de 55,000 dollars
« par an, en raison de l'indulgence pratiquée par lui à
« l'égard des compagnies. Deux de ces compagnies, qui
« opèrent aussi en Europe, auraient contribué à cette
« somme, l'une pour 32,000 et l'autre pour 15,000 dollars.
« Bien que M. Robinson, alors gouverneur de l'État, eût
» réclamé la punition la plus sévère contre ce concussion-
« naire, et malgré ses propres aveux, Smith a été acquitté
« par le jury à la majorité de 19 voix contre 12. »

On peut encore citer, comme une preuve de la manière
dont le département actuel des assurances comprend sa
tâche, le panégyrique suivant, publié, en faveur de
l'« Equitable, et de la « New-York ». par la « New-Yorker
Handelszeitung ». On y lit, en réponse à l'un de nos articles
reproduit par plusieurs journaux allemands, à la date du
8 novembre 1884 :

« Pour donner une valeur particulière à notre réponse
« d'il y a quinze jours aux suspicions et calomnies (sic) sou-
« levées en Allemagne contre l'« Equitable », nous nous
« sommes adressés, la semaine dernière, au département des
« Assurances siégeant à Albany, lui demandant des ren-
« seignements officiels sur la situation de cette Compagnie.

« Nous avons reçu la réponse suivante, en date du
« 3 novembre :

A l'éditeur de la New-Yorker Handelszeitung.

« Ce matin, à mon retour à Albany, je trouve votre ho-
« norée en date du 28 du mois dernier, concernant « l'Equi-
« table » Life assurance Society of the United States, ayant
« son siège principal dans la ville de New-York.

« N'hésitez pas à déclarer à vos lecteurs que ladite com-
« pagnie est parfaitement digne de la confiance du public.

« Elle a été, *il y a quelques années*, soumise par notre dé-
« partement à une revision radicale, et reconnue être dans
« une excellente situation financière. C'est moi qui fus alors
« à la tête de la commission d'enquête, et je sais ce que je
« dis.

« Signé : John A. Mc Call jeune »,
Surintendant.

« Cette invocation de la revision, faite il y a plusieurs
« années, dit la *New-Yorker Handelszeitung*, nous a paru de
« nature à pouvoir être mal interprétée, au moins dans cer-
« taines sphères, et nous nous sommes crus obligés de de-
« mander à nouveau à M. le surintendant son avis sur l'état
« actuel de la Compagnie.

« A cette nouvelle demande nous avons reçu aujourd'hui
« (7 novembre 1884) la réponse suivante :

« La situation actuelle de « l'Équitable Society » est en-
« core beaucoup meilleure qu'elle ne le fut lorsque je l'ai
« examinée il y a plusieurs années, et alors le résultat fut
« très satisfaisant, comme je l'ai constaté dans ma lettre à
« votre adresse, en date du 3 courant.

« John A. Mc Call jeune »,
Surintendant.

En examinant ce certificat officiel de M. Mc Call jeune, surintendant du département des assurances dans l'État de
New-York, on découvre malheureusement la circonstance
tout à fait curieuse que voici : Le 3 novembre de l'année
dernière, il déclare qu'*il y a quelques années*, la situation de
ladite Compagnie a été soumise, par le département des assurances, à une revision radicale et trouvée dans des conditions financières excellentes — et, sur une réclamation ulté-
rieure, il ajoute *trois ou quatre jours après*, textuellement,
que la situation financière *actuelle* de la Compagnie est beaucoup meilleure qu'elle ne le fut, lorsqu'il l'a examinée il y a
plusieurs années. A nous autres Européens il nous semble
au moins étrange quelle 3 novembre, M. le surintendant

invoque d'abord une enquête faite *il y a des années* pour délivrer à «l'Equitable» le certificat de bonne santé demandé, et tout aussitôt se rectifie lui-même en déclarant que la situation financière *actuelle* est de beaucoup meilleure qu'elle ne l'a été, suivant la même enquête, il y a quelques années. M. le surintendant du département des assurances à New-York ne paraît donc pas précisément, procéder, dans la délivrance de certificats concernant la situation des compagnies d'assurances, avec une prudence bien diplomatique.

*
* *

A quel point la surveillance administrative aux Etats-Unis est peu susceptible d'inspirer la confiance, des sources américaines absolument sûres nous le disent elles-mêmes. Ainsi M. John K. Tarbox, actuellement commissaire d'assurances. avec siège à Boston, nous dit que dans la période de l'exercice de ce ministère par son prédécesseur, J. L. Clark (qui, suivant le *World*, a été, en 1883, relevé de ses fonctions pour vénalité dans sa charge), des manœuvres bien étonnantes se pratiquaient. Dans son Rapport au gouverneur Butler, Tarbox mentionne, entre autres, ce qui suit :

« Il existe, dans notre département, des bilans qui ont été
« reconnus faux et éludant la loi, bien qu'ils aient été confir-
« més sous la foi de l'honneur personnel et par le serment
« solennel des fonctionnaires de la Compagnie. En 1877, et
« ensuite en 1879, des plaintes ont été portées contre une
« compagnie pour cause de faux bilans annuels. On deman-
« dait une enquête ; mais le Département des Assurances n'a
« pas fait procéder à cette enquête, et dans l'*Insurance*
« *Report* (Rapport officiel adressé aux autorités législatives),
« la compagnie en question a figuré présentant une base
« financière telle qu'on ne pouvait mieux la désirer.... »

*
* *

De ce qui précède, nous pouvons, jusqu'ici, tirer la conclusion suivante : Il n'est pas prudent de s'assurer à l'une des compagnies d'assurances américaines sur la vie qui opèrent en Europe :

a. Parce que l'administration, à New-York, de ces établissements se compose, presque en entier, de personnes inconnues en Europe, et parce que la direction peut compter dans son sein des individus qui ne méritent aucune confiance, sans que les assurés soient en état d'empêcher ces nominations, sans qu'ils les connaissent. sans qu'ils puissent même les soupçonner ;

b. Parce que les placements des capitaux de ces compagnies, qu'ils soient faits en obligations de chemins de fer, sur hypothèques ou en avances sur titres, se soustraient presque complètement au contrôle des assurés et, dans les conditions qui prédominent, donnent lieu à des accidents graves ;

c. Parce que, vu les expériences faites, la surveillance de l'État ne saurait être qualifiée de sûre, de digne de confiance ;

d. Parce que, et jusqu'à nouvel ordre, l'organisation des sociétés et la morale commerciale en Amérique ne sont pas de nature à inspirer la confiance, — et enfin ;

e. Parce que l'assurance par tontines, telle que la pratiquent de préférence les Américains, non-seulement est dénuée de toute solidité, — nous l'exposerons en détail plus loin, — mais encore est basée sur la clause suivante, savoir : *Si l'assuré néglige le paiement d'une seule prime échue, il perdra non-seulement tout droit, mais encore tous les versements qu'il a faits jusque-là, quelque considérable que soit le montant de ces versements, et bien que ces paiements aient été, jusqu'à l'avant-dernière échéance, opérés intégralement et durant de nombreuses années.*

Nous pouvons donc, à bon droit, mettre en garde tout le monde contre la velléité d'envoyer ses économies « au delà de l'Océan », afin de s'assurer par là une retraite pour la vieillesse, ou bien d'assurer l'avenir matériel des siens ou de ses protégés, et cela, si séduisantes que paraissent les conditions offertes et si brillants que soient les chiffres qui figurent sur les prospectus des compagnies quêtant des adhésions. D'après tout ce que nous savons et ce que nous avons appris, nous pouvons dire aux Américains en ayant tout le bon droit pour nous : Gloire et honneur à vos Washington, Franklin, Thomas Jefferson, Abraham

Lincoln, etc. Tous nos respects pour votre histoire politique
glorieuse, toute notre admiration devant vos progrès dans
de nombreux domaines de la civilisation, mais ;

Cassio I love thee
But never more be officier of mine !

(« Cassio, je t'aime, dit Othello, cependant, tu ne saurais
» plus continuer d'être mon officier. »)

LA TONTINE AMÉRICAINE

Qu'est-ce que c'est que les tontines? Leurs premières ori-
gines remontent jusqu'au dix-septième siècle. A une époque
où les miraculeux avantages de la loterie n'étaient pas encore
connus, un Italien, Laurent Tonti, inventa une combinaison
de jeu, dont l'élément principal fut la spéculation sur le
penchant, existant plus ou moins dans chaque individu, de
compter sur les chances d'un heureux hasard.

La forme pure et primitive de la tontine consistait alors,
non pas en assurances de capital, mais en une assurance de
rente, si tant est que le terme d'assurance puisse même s'em-
ployer à ce sujet. Un certain nombre de personnes se réu-
nissaient en un groupe tontinier, où furent versés, une fois
pour toutes, des sommes d'argent déterminées. Les intérêts
des capitaux ainsi accumulés se distribuaient à certains
termes fixes — pour la plupart tous les ans — entre les
membres restés en vie le jour de la liquidation. Plus le
groupe des personnes constituant la tontine avançaient en
âge, plus devenaient considérables naturellement les parts
d'intérêt du survivant. Les derniers survivants, on les avait limités à un certain chiffre, touchaient les capitaux. On conçoit
que la perspective de pareils bénéfices dût exercer une
grande attraction sur la foule; aussi la tontine — ce précur-
seur de la loterie — fit-elle en effet son chemin. De l'Italie
elle pénétrait rapidement en France, où l'Etat eut l'idée in-
génieuse de contracter des emprunts dits à tontine; sur ces
emprunts les prêteurs ne touchaient les intérêts d'après le

système tontinier, que jusqu'au décès du dernier d'entre eux, après quoi le capital de l'emprunt faisait retour à l'Etat.

D'autres États, dont les finances se trouvaient dans de mauvaises conditions, suivirent cet exemple, de sorte qu'on peut suivre la trace des emprunts à tontine jusqu'en plein dix-neuvième siècle, où ils cédèrent la place aux emprunts à lots dont la marche était triomphale dès le début. La tontine moderne a sa source en France, et c'est de là qu'elle s'est répandue sur tout le continent européen. La différence entre les tontines modernes et anciennes consistait en ceci: dans l'ancienne c'est la rente que l'on héritait et dans la moderne c'est le capital. La nature de la tontine moderne consistait donc en cela que, des groupes de sociétaires se formaient en vue de payer, après un certain espace de temps — variant le plus souvent entre dix et vingt ans — les cotisations annuelles, au taux fixé d'avance et versées par les participants, à ceux parmi les intéressés qui restaient encore en vie au jour de la répartition finale. Le résultat de liquidation de ces groupes tontiniers était formé de tous les versements faits par les participants et des intérêts composés. Comme les sommes ainsi accumulées n'étaient distribuées qu'aux survivants, la part d'héritage jouait, naturellement, un grand rôle dans la tontine. Ce genre de tontines a été, en premier lieu, cultivé par des compagnies d'assurances françaises sur la vie, lesquelles se faisaient allouer, pour l'administration des groupes, des honoraires, montant à 5 0/0 des capitaux souscrits.

Le contrat tontinier a été presque exclusivement passé sur la vie des enfants, pour leur assurer une dot ou un capital de roulement à un certain âge. Disons, en passant, que les pères ou autres contractants pouvaient se garantir les versements à opérer par une réassurance, afin qu'au cas de la mort prématurée de l'enfant assuré, la compagnie respective restituât les mises faites jusque-là.

Pour assurer une grande affluence à la tontine, les compagnies publiaient souvent des calculs de probabilité présentant le résultat de la répartition sous un jour très favorable. Des agents, peu consciencieux, renchérissaient encore sur ces perspectives, de sorte que les participants se virent sou vent déçus dans leur attente en recevant, lors de la distribution finale de leurs groupes, leur *part proportionnelle.*

***

Mais la *tontine américaine,* contre laquelle un mouvement général se dessine actuellement parmi les assureurs de l'Allemagne, de la France et de l'Angleterre, est la fille entièrement dégénérée de la tontine, *puisqu'elle a conçu et qu'elle propage une manœuvre telle que le monde n'en a pas encore vu de semblable!*

Il est bien difficile de comprendre comment nos législateurs si éclairés ont pu ouvrir les portes à ce charlatanisme universel qui a pour effet de faire absorber par un autre continent les épargnes européennes, employées en assurances sur la vie !

Dès le moment où la « New-York » fit son entrée en Autriche, lorsqu'on en distribua les prospectus et les tarifs, il était facile de prévoir qu'en se fondant sur ces imprimés, les agents de la Compagnie pouvaient promettre aux candidats à l'assurance le paradis avec toutes ses splendeurs sans être désavoués par la Compagnie postée en arrière dans une position stratégique des plus favorables. Déjà les calculs de probabilité établis dans les prospectus des compagnies américaines sentent « la fumisterie »: mais les calculs de probabilité, dressés par leurs agents pour leur *propre compte,* renchérissent encore beaucoup sur les tables de leurs mandants.

Ainsi, pour ne citer qu'un exemple, la « New-York » emploie dans ce but un imprimé spécial. L'espace consacré aux chiffres est en blanc, et l'agent peut, par conséquent, le remplir au gré de sa fantaisie. Un imprimé rempli de cette façon a été soumis, il y a quelque temps, à notre appréciation par une personne à laquelle on avait espéré faire prendre une police de la « New-York » *avec remploi des bénéfices!* (C'est là l'euphémisme sous lequel se dissimule la tontine). Cet imprimé portait sur son recto le texte suivant :

Accumulation des bénéfices dans la « New-York »,
Compagnie d'assurances sur la vie.

Plan de l'assurance........................   20 ans.

Prime annuelle à l'âge de 36 ans, afin de s'assurer pour 10,000 francs............................   349 fr. 30

Période d'accumulation....................   20 ans.

· Total des primes versées dans 20 ans........   6,986 fr.

Si l'assuré meurt avant, la somme totale de l'assurance arrive à échéance.

Résultats prévus après 20 ans.
(Voir les observations au verso.)

1° L'assuré pourra toucher la valeur totale en espèces de la police, estimée à........................   13,140 fr.

2° Ou bien il pourra échanger cette valeur totale contre une police libérée pour le cas de décès, sans participation aux bénéfices, ci..............................   26,850 fr.

3° Ou bien il pourra toucher les bénéfices accumulés. estimés à............................   8,130 fr.

Dans ce dernier cas. il ne continue pas le paiement des primes, et la police rapporte dès ce moment une rente annuelle de 30 0/0.

Les chiffres qui précèdent ont été. nous l'avons déjà dit. ajoutés de la main de l'agent de la « New-York »; la Compagnie lui a donc laissé toute liberté à cet égard. Et ces gens ne font pas un usage précisément modeste de blancs-seings semblables. c'est prouvé par le calcul qui précède et qui est réellement de nature à donner au candidat à l'assurance des espérances vertigineuses. Il est vrai que la « New-York » se couvre par la mention faite sur les imprimés de ce genre et qui est libellée comme suit :

« Les chiffres inscrits sur ces bulletins imprimés ne méritent
« confiance qu'en tant qu'ils s'accordent avec le livre d'estimation
« de la Compagnie, publié, à l'usage de ses agents, au mois de mai
« 1881. Bien que lesdits résultats soient basés sur des estimations
« que l'expérience faite par la Compagnie a confirmées jusqu'ici,
« nous faisons cependant expressément ressortir que ces résultats
« ne doivent être considérés que comme des estimations, et non
« pas comme des promesses ou des garanties... »

On voit donc clairement et nettement ceci : les chiffres

posés par les agents sur le bulletin imprimé ne méritent confiance que lorsqu'ils s'accordent avec le livre d'estimation publié en 1881.

Mais est-ce que l'on soumet ce livre d'estimation au candidat à l'assurance, afin qu'il puisse établir une comparaison avec les chiffres qu'on lui présente? Oh, non! et eût-il même sous les yeux ces estimations de l'an 1881, quelle valeur ont-elles du moment où la « New-York » elle-même concède que les résultats constatés (nous doutons même que ces résultats correspondent aux faits réels!) ne doivent pas être considérés comme des promesses ou des garanties? S'il en est ainsi, pourquoi alors la « New-York » délivre-t-elle à ses agents ces bulletins à lacunes? Pourquoi n'inscrit-elle pas elle-même les chiffres, et cela d'après les résultats estimatifs de 1881?

Est-ce agir en compagnie considérée et sûre d'elle-même, que de confier l'estimation de ces résultats aux agents désireux de faire des affaires et de se couvrir par la clause imprimée au verso de ce bulletin? La « New-York » ne sait-elle pas trop bien que les agents, soit pour battre efficacement la concurrence, soit pour combattre plus facilement les préventions contre une compagnie venue d'Amérique, peuvent énoncer dans leurs offres de services des chiffres propres à induire le public en erreur? Ce bon public se dira dans beaucoup de cas : « Je serais content, n'y eût-il que la moitié de vrai dans ce que l'agent me fait espérer ! » et il conclura l'affaire.

Qui nous répond que les agents de la « New-York » ne font pas des promesses plus grandes encore que celles qui figurent dans l'estimation? Il est vrai que la « New-York » est assez prudente pour munir ses calculs de probabilités d'une observation mise en marge et qui fait disparaître pour elle toute espèce de responsabilité.

Ainsi, il est dit dans l'un des prospectus mis en circulation ce qui suit :

« Bien que ces résultats soient basés sur des calculs, approuvés
« par les spécialistes les plus célèbres (!!!) de l'Angleterre et des
« États-Unis, nous faisons cependant particulièrement ressortir
« que ce ne sont que des prévisions et qu'il ne faut pas les consi-
« dérer comme des promesses ou des garanties. »

Mais, d'un autre côté, la « New-York » se risque jusqu'à faire l'affirmation :

« Que les avantages des polices avec remploi des bénéfices offrent
« un résultat surpassant tous les avantages et bénéfices qui puissent
« résulter d'opérations commerciales ou financières. (Sic !)

A-t-on encore besoin aujourd'hui de faire un commerce, d'exercer une industrie ? Faut-il encore embarquer son argent dans des spéculations plus ou moins risquées ? Qu'on aille prendre une police de la « New-York » avec remploi des bénéfices (lire : tontine !), et tous les avantages et bénéfices qu'autrefois l'on cherchait à obtenir par une industrie bourgeoise ou par des entreprises de spéculation seront devenus superflus !

L'ONCLE D'AMÉRIQUE

La proposition d'assurance qui suit, et qui est signée par un des principaux agents de la « New-York », fait clairement voir jusqu'à quel point s'égarent les agents de « New-York » avec leurs promesses.

Age, 28 ans. — Une assurance de 50,000 florins, pour le cas du décès, contre 20 primes annuelles de 1,454.50, avec accumulation des bénéfices pendant 20 ans, fournit après 20 ans les résultats suivants :

I. — Vous pouvez abandonner la police contre :

a. Sa valeur totale en espèces d'environ 53,900 florins — ou bien, en échange :

b. Une rente viagère d'environ 4,452 florins — par an.

c. Une police libérée pour le cas de décès, sans participation aux bénéfices d'environ **132,250** florins — ou bien :

II. — Vous pouvez :

a. Toucher en espèces les bénéfices accumulés d'environ 31,662 florins, ou

b. Les échanger contre une rente viagère annuelle d'environ 2,416 florins par an, et non seulement les 50,000 florins assurés sont désormais acquis sans paiement ultérieur de primes, mais v recevrez encore, jusqu'à la fin de votre vie, restant membre de la Compagnie, un dividende en espèces de la prime annuelle, dividende progressif commençant par environ 50 0/0.

Pendant les deux ans, vous avez versé 29,090 florins.

N. B. Dans le cas de décès se produisant à une époque quelconque des vingt ans, les 50,000 florins assurés seraient payés aussitôt.

Voir le prospectus général et le prospectus particulier intitulé : « Accumulation des bénéfices » (1).

X. X.

Délégué spécial de la « New-York »
Compagnie d'assurances sur la vie.

Est-il possible de promettre davantage! En d'autres termes, ce prospectus promet : l'assurance pendant vingt ans *gratis;* après cette période, une pension jusqu'à la fin de la vie et une fortune pour les héritiers.

Celui qui croit que la « New-York » est capable de tenir, ne fût-ce que la moitié de ses promesses respectives; celui qui croit à la possibilité de la justesse de ces soi-disant estimations, nous lui envions sa foi robuste.

Combien de membres de la tontine doivent tomber dans la misère ou bien perdre, par suite d'une négligence, leurs versements, afin que ceux qui persistent jusqu'au bout puissent empocher des bénéfices aussi immenses !

***

Voici un petit échantillon du prospectus de l'« Équitable » :

Exemple explicatif du plan de tontine.

Pour une assurance, suivant le tableau II de 20,000 florins, âgé de 40 ans, contractée sur la base des conditions du plan de tontine pour 20 ans, le montant annuel de la prime est de 776 fl. 60 kr., ce qui fait pour 20 ans 15,032 florins.

D'après les calculs faits, la part de l'assuré dans le fonds de la tontine serait, à l'expiration de la période de 20 ans, selon toute prévision, de 17,650 florins, et cette somme pourrait être employée

---

(1) C'est d'après cette combinaison qu'est assuré chez nous M. Robert G... et, d'après des combinaisons semblables, mais à 15 ans seulement, MM. Auguste Chevalier de S... et Charles S...

par le détenteur de la police de quatre manières, décrites dans l'introduction, à savoir :

1° L'assuré vend sa police, y compris les bénéfices à la Compagnie, et touche alors, selon toute prévision, la somme de 29,460 fl., par suite de quoi il n'a plus rien à réclamer à la Compagnie;

2° Ou bien l'assuré accepte, en échange de sa police primitive, une police libérée échéante au décès, police au montant prévu de 52,800 florins;

3° Ou bien il renonce à ses bénéfices; alors la police arrive à échéance à sa mort, elle est du montant de 20,000 florins et jusqu'à son décès la Compagnie lui sert une rente viagère de 2,142 florins, selon toute prévision;

4° Ou enfin l'assuré touche en espèces les bénéfices accumulés, comportant selon toute prévision la somme de 17,650 florins, et, à son décès, la police lui est remboursée avec 20,000 florins.

Voici donc, ou nous nous trompons fort, un véritable *gros lot* mis à la portée de quiconque contracte une assurance tontinière avec l' « Équitable ». *Il n'y a que la banque de Law qui ait fait jusqu'ici — naturellement sans que nous établissions de comparaison entre les deux, — des promesses semblables!* Que l'on ajoute en pensée, que d'après les insinuations de l'« Équitable » ces promesses peuvent encore être dépassées par la réalité ! C'est vraiment trop beau ! C'est mieux que la poule aux œufs d'or !

Or, depuis que chaque élève d'école primaire est initié aux mystères de la règle de trois, l'humanité est devenue quelque peu sceptique lorsqu'il s'agit de miracles s'exprimant par des chiffres; en conséquence l' « Équitable » se fait certifier la vertu miraculeuse de sa police d'épargne tontinière par une autorité, par le très estimable sieur William Barnes, ancien chef du département des assurances; celui-ci écrit, à la date du 2 février 1869, textuellement ce qui suit :

« Le plan paraît si simple et si naturel que c'est véritablement
« un miracle qu'il ait pu être ignoré pendant si longtemps, ce qui,
« du reste, est arrivé pour tant de découvertes importantes dans
« la science et dans les arts. »

C'est ce qu'on peut lire dans le prospectus En outre, l' « Equitable » s'est fait confirmer ce brillant certificat par vingt-cinq financiers de New-York, ayant à leur

tête un membre du conseil d'administration de l' « Equitable, »
et cela dans les termes suivants :

« Nous avons lu la lettre du très estimable monsieur W. Barnes,
« nous nous associons complètement aux opinions y exprimées et
« recommandons le plan du fonds d'épargne tontinière, ce plan,
« contenant des avantages tels que jusqu'ici ils n'ont encore jamais
« été offerts au public. La seule approbation du très estimable
« W. Barnes est déjà une preuve suffisante de la valeur de cette
« découverte pour les assurés. »

Exactement comme la « New-York, » l' « Equitable » établit également ses calculs de probabilité et observe la même
précaution de se retrancher derrière une note margi-
nale, paralysant toute responsabilité future : cependant
l' « Equitable » montre, sous ce rapport, une assurance
beaucoup plus considérable que la « New-York. » Voici ce
qu'elle dit :

« Ces calculs sont naturellement basés sur des estimations,
« puisqu'il n'est pas possible d'offrir de garantie absolue de résul-
« tats futurs ; cependant ces estimations ont été minutieusement
« examinées et trouvées exactes par d'éminents mathématiciens ;
« ces derniers vont dans leurs avis compétents jusqu'à exprimer
« l'opinion que les véritables résultats seraient, selon toute prévi-
« sion, meilleurs et plus avantageux encore que les estimations de
« l' « Equitable ».

A ce certificat des prétendus « éminents mathématiciens »
nous répondons : « *Credat Judæus Apella !* » (A d'autres,
mon bon !)

MM. les mathématiciens ne peuvent calculer que le point
relatif à la mortalité. Mais pour ce qui est de la quantité
d'assurés quittant la Compagnie avant terme et volontairement en cessant le paiement des primes, et du taux d'intérêt auquel se trouveront accrus les capitaux de bénéfices
d'un groupe tontinier à l'expiration de son terme, — pour
ce qui est de ces deux points-là, disons-nous, — même des
mathématiciens du premier ordre ne le savent pas. C'est, en
vérité, une méthode étrange que celle qui, d'une part, prétend faire croire qu'il s'agit de calculs reposant sur des bases
solides et mathématiques, bases examinées et trouvées justes

par des autorités spécialistes de premier ordre, et qui, d'autre part, entend présenter les mêmes calculs comme de simples estimations qu'elle ne saurait nullement garantir!

Voilà de la logique américaine! On ne montre, d'ailleurs, au candidat à l'assurance, qui d'ordinaire ne lit pas les prospectus jusqu'au bout, que le calcul de probabilité par lequel on lui promet « monts et merveilles »; quant à la clause suspensive, l'habile agent la passe généralement sous silence. Mais dès que l'on se donne la peine de lire le prospectus avec soin jusqu'au bout, on sait à quoi s'en tenir sur ces calculs de probabilités ou plutôt d'« *improbabilités* », et l'on se résoudra difficilement à entrer dans la clientèle d'une compagnie américaine.

LA CLAUSE MEURTRIÈRE

L'exposé suivant rendra visible la différence colossale entre la tontine américaine et sa variété européenne.

La tontine américaine s'insinue. — qu'on nous passe l'expression, — comme mouton, pour agir ensuite à l'instar du loup.

La tontine, connue chez nous, délivre des polices *qui ne peuvent déchoir*, tandis que la tontine, telle que la comprennent les Américains, est basée absolument sur la déchéance.

Celui qui souscrit dans une tontine indigène pour un capital de 10,000 francs, payables par vingt acomptes annuels de 500 francs peut, à son gré, et sans perdre ses mises, arrêter les versements. Après avoir payé cinq primes, voici de quelle façon l'on établit le bilan du souscripteur dans ce cas : il a payé cinq primes annuelles, à raison de 500 francs chacune, ci : 2,500 francs. A déduire sur ce montant les frais d'administration — 5 0/0 sur les 10,000 francs souscrits, ci : 500 francs. — Reste 2,000 francs, pour lequel montant le souscripteur continue à faire partie de l'association et à participer, à l'heure venue, au résultat de la liquidation, tout comme s'il avait continué à faire des versements jusqu'au bout. Il reçoit, en conséquence, pour sa mise nette de 2,000 francs, la partie proportionnelle du résultat qu'il aurait obtenu en versant les 10,000 francs en entier.

Cette disposition est en vigueur dans toutes les compagnies d'assurances; c'est aux seules compagnies américaines qu'il a été réservé de poser comme base de la tontine la déchéance possible de la police, et de faire fructifier la misère, la légèreté et les mille accidents malheureux auxquels est exposé un homme pendant une période de vingt ans. — Celui qui s'assure à l'«Équitable» selon le système qualifié de «plan de tontine sur le fonds d'économies », ou à la « New-York » sur la base d'une police, dite d'« accumulation des bénéfices », *accepte donc le risque de perdre jusqu'au dernier sou toutes ses primes versées, dans le cas où il suspend ses versements, n'importe à quel moment avant l'expiration de la période tontinière.*

S'il appartenait à un groupe d'assurés à l'échéance de vingt ans et qu'il arrêtât ou négligeât d'opérer le versement de sa prime dans la dix-neuvième année de la période, tout, serait perdu pour lui.

C'est ce qui est dit expressément dans le prospectus de la « New-York » :

« Celui qui interrompt le payement de sa prime pendant la « dite période (tontinière) n'a droit ni à une police libérée, « ni au rachat de la police par la Société.

« *Les profits* (sic), *devenus ainsi disponibles, ainsi que les* « *parts des intéressés morts avant l'expiration de la période* « *pour laquelle ils se sont intéressés, bénéficient aux autres* « *membres de la classe en question.* »

Dans le prospectus de l' « Equitable » on lit à ce sujet le passage suivant :

« L' « Equitable » assure, d'après le plan tontinier propre- « ment dit, ceux qui désirent obtenir les résultats les plus « avantageux possibles à la fin de la période fixée par eux ; « cependant, l'assurance de cette nature impose à l'assuré « l'obligation *de conserver valable sa police jusqu'à l'expi-* « *ration de ladite période, sous peine de perdre ses verse-* « *ments.* »

Ce paragraphe a-t-il l'air assez innocent ! et cependant on peut en tirer les conséquences les plus meurtrières.

Faisons abstraction du méchant hasard, dont dépend trop souvent le sort de l'homme, et acceptons comme un postulat de la justice que tous ceux qui, assurés aux compagnies américaines, négligent d'opérer un versement, doivent s'en prendre à eux-mêmes des conséquences de leur oubli, de leur légèreté, ou de leur manque de prévoyance. Faisons en abstraction, disons-nous, bien qu'en tenant compte du rôle que jouent dans la vie les petites causes et les grands effets.

les sentiments généreux de tout homme doivent protester contre une disposition en vertu de laquelle une fortune, souvent péniblement acquise, fruit de privations cruelles, peut être confisquée, en vertu de laquelle une famille peut être ruinée à cause d'une négligence plus ou moins grande.

Mais comment l' « Équitable » et la « New-York » peuvent-elles justifier la mesure déclarant simplement confisquées les primes d'un assuré payées pendant de nombreuses années et sans avoir égard au montant de la prime, simplement parce qu'un père de famille est tombé dans la misère et devenu incapable de continuer le paiement de ses primes.

Can Wrong be right ! (1)

La clause meurtrière du système de l' « Équitable, qualifiée de « plan de tontine à bénéfices » ou celle de la police de la « New-York, » dite d'« accumulation des bénéfices » est, dans ce triste cas, non seulement une spéculation absolument immorale, mais elle constitue encore l'injustice la plus éclatante et l'infamie la plus prononcée.

Pas une personne à moitié honnête et ayant des entrailles ne saurait participer à ce soi-disant bénéfice, entaché des larmes des veuves et des orphelins et stigmatisé par la malédiction du désespoir.

Songeons seulement aux cas suivants, qui, malheureusement, se produisent assez souvent :

I. Le négociant B..., âgé de quarante ans, qui se trouve dans une brillante position de fortune, s'assure pour 100,000 francs aux conditions du plan tontinier de vingt ans, à l' « Équitable. » La prime annuelle que, dans ce cas, il faudrait payer pendant vingt ans, est de 3,900 fr. environ. Dix ans après se produit une crise commerciale, le négociant devient insolvable et n'est même pas en état de satisfaire ses créanciers chirographaires, et, à plus forte raison, il est incapable de continuer le payement de ses primes d'assurances. Qu'arrive-t-il? Aussitôt qu'un premier versement échu n'est pas fait, l' « Équitable » confisque sans pitié toutes les primes payées jusque-là par le malheureux père de famille et le pousse complètement au désespoir.

---

(1) L'injustice peut-elle être la justice ?

II. Le professeur G..., spécialiste distingué, et père de famille, prend à la « New-York » une assurance à vie de 25,000 francs, contre un paiement de primes à opérer toute sa vie durant et avec « accumulation des bénéfices pendant vingt ans ». La prime annuelle qu'il a à payer pendant cette période est de 800 francs. Ses appointements étant insuffisants pour faire les paiements annuels, c'est grâce à la modeste fortune de la femme qu'il y subvient. On fait ponctuellement ces payements pendant dix ans consécutifs. Voilà que se produit le cas suivant : La nuit couvre de ses ombres épaisses le cerveau du professeur, qui a pris un problème social important pour objet de ses études, poursuivies avec acharnement. Il perd sa chaire, et les paiements des primes ne peuvent plus être continués, parce qu'en les faisant cette famille serait exposée à mourir de faim. — La « New-York » confisque tous les paiements de primes faits jusqu'à ce moment, en faveur des autres associés de la série, et toute une famille est réduite à la mendicité.

III. La comtesse P.. veuve, mère d'enfants mineurs, s'est assurée sur la vie pour 50,000 francs, dans le système tontinier, à une des compagnies d'assurances américaines. Elle paie les primes avec la fortune que lui a laissée son défunt mari. Après cinq ans de veuvage, elle se décide à donner sa main au lieutenant-colonel baron F. Son deuxième époux est un vaillant soldat, un cavalier accompli, mais un mauvais administrateur, et il est adonné au jeu. La fortune de la pauvre femme se fond de plus en plus, et Monsieur son mari, devant verser à la compagnie la dixième prime, perd au tapis vert la somme destinée *ad hoc ;* son espoir de pouvoir la retrouver ailleurs ne s'accomplit pas. La compagnie américaine d'assurances sur la vie déclare confisqués tous les versements opérés. Le baron F., dont le sentiment d'honneur est piqué au vif, se fait sauter la cervelle, et la mère et les enfants périssent dans la misère.... (1).

---

(1) Comment qualifier cette clause, si sa signification n'est pas expliquée aux assurés ? Depuis que nous nous occupons de cette affaire, nous avons eu plusieurs fois l'occasion de constater, que les assurés ne se doutaient nullement de ce paragraphe dangereux de leur traité passé avec les Américains. Il est dans la nature des choses qu'il y aura toujours des agents assez peu consciencieux pour taire la vérité, ou pour ne la dire qu'à moitié afin de rendre « l'affaire » possible.

Nous pourrions citer, et sans avoir à faire des efforts d'imagination, des douzaines d'éventualités de ce genre, et nous ne nous étonnerions pas que la statistique future des cas de suicide et de folie constate un accroissement considérable du chiffre de ces cas par suite des assurances tontinières.

Il est à espérer que la tontine américaine, qui, jusqu'à présent, s'enveloppait d'une pénombre favorable, aura bientôt fini son rôle néfaste en Europe ; des institutions malsaines de cette sorte ne supportent pas le rayon révélateur mettant à découvert leur organisme pourri. Nous avons pris à tâche de fournir ce rayon. C'est là toute notre ambition ; et si la direction hambourgeoise de l'« Équitable » pour l'Allemagne, l'Autriche et le Nord de l'Europe affirme que notre but avoué est de chasser les assurances américaines de l'Europe, elle ne saurait dire plus vrai, le glas étant sur le point de sonner pour la tontine américaine. D'après notre conviction, la tontine américaine, transplantée en Europe par la « New-York » et l'« Équitable », n'est pas seulement une spéculation immorale sur la misère et les événements malheureux auxquels est exposée la vie humaine pendant une période de vingt années ; elle est aussi dangereuse pour l'État, le cas étant possible où des spéculateurs américains, habitués à exposer vingt millions sur une carte, s'emparent de l'administration de ces sociétés d'assurances, et « nourrissant » artificiellement une tontine, arrivent à dépouiller, par leurs manœuvres fantasmagoriques, tout un continent.

HISTORIQUE

De la répartition finale d'une Tontine.

A quel point nous sommes dans le vrai avec nos appréciations, nous le prouverons par l'historique de la répartition d'une tontine qui a eu lieu en Amérique vers la fin de 1883, et a mis au jour des résultats tellement pitoyables, que l'éditeur d'une feuille religieuse à la dévotion des presbytériens, paraissant à la Nouvelle-Orléans, a averti son public de ne pas s'assurer à l'« Équitable », et a, dans sa juste colère,

condamné tout le système en bloc. Il a fait cela en des
termes *que la loi sur la presse nous met dans l'impossibilité
de reproduire*. Le cas est assez original. Voici ce qui s'est
passé : Pour examiner la valeur intrinsèque de la tontine,
l'éditeur de l'organe religieux a lui-même fait les versements
nécessaires pour une police de 5,000 $ et a attendu quinze
ans durant pour jouir ensuite des fruits de son assurance. *Le
résultat fut réellement pitoyable ; on le verra par le rapport
très curieux de ce monsieur, que nous reproduisons plus bas,
car, contrairement aux magnifiques promesses à lui faites,
l'assuré a reçu à l'expiration de la tontine comme valeur
totale de sa police et pour des versements au montant de
2,347 $, en tout et pour tout 1.723 $ — par conséquent —
comme il le démontre lui-même en détail, la moitié de la
somme qu'il aurait touchée si la prime avait simplement
porté intérêt à cinq pour cent, etc., etc.*

Ce qu'il y a de plus intéressant dans la chose, c'est que le
révérend Henry M. Smith — tel est le nom de cet accusateur
public de « l'Équitable », — figure, depuis des années, sur les
prospectus de la compagnie, parmi les personnages qui si-
gnaient en qualité de garants moraux de la solvabilité sociale
de ladite compagnie, et qu'il l'avait recommandée à la confiance des presbytériens, extrêmement nombreux en Amérique. Par conséquent, nous sommes là en présence de la
déposition d'un témoin, autrefois garant de la compagnie,
qui certainement ne veut lui faire aucun tort, et n'élève la
voix, voix condamnatrice et en même temps avertissante,
que pour l'amour de la vérité.

Ce sont des arguments écrasants qu'invoque l'éditeur de
la susdite feuille religieuse contre le fameux système des
tontines de l'« Équitable », contre cette même tontine
qui a été transplantée en Europe par la « New-York »; car
« Équitable » et « New-York » cela fait un : dans l'une
l'élément moteur se trouve dans les calculs de probabilité;
dans l'autre, dans les livres d'estimation.

L'« Équitable » de New-York a répondu aux accusations
de M. Henry M. Smith ce qui suit : « *Le système d'assurances
« par la tontine n'a pas réussi dans l'Amérique du Sud.* »

Le jour où les assurés genre tontine de la France verront
arriver, à l'instar de M. Henry M. Smith, l'heure de la désillu-

sion, on pourra faire aux réclamations éventuelles venant de ce côté-ci de l'Océan, la réponse laconique que voici :

« Le système d'assurances par la tontine n'a pas réussi en France..... »

⁎⁎⁎

La déclaration du révérend M. Henry M. Smith est conçue dans les termes suivants :

(TRADUCTION DE L'ANGLAIS)

« L' « Equitable » nous a dit ceci : « Les personnes qui
« adhèrent au système de tontine de l'« Equitable » obtien-
« dront certes *des avantages tels, que si nous les énumérions*
« *actuellement, on pourrait nous taxer d'exagération.*
« La Société a affirmé expressément la sûreté de ses
« calculs. Elle a publié de temps en temps des déclarations
« aux termes desquelles les tontines ont un succès financier
« plus grand même que la Compagnie ne l'avait prévu. Mais,
« pour avoir sa part dans les bénéfices résultant de ses
« combinaisons, il faut renoncer à sa part de dividende pen-
« dant la durée de la tontine. Si l'on néglige de faire un
« paiement, il faut servir 10 0/0 d'intérêts de retard, les
« délais accordés ne le sont qu'à court terme. Si l'on omet
« de faire un seul paiement, toutes les primes versées jus-
« qu'alors sont perdues pour l'assuré et soi-disant acquises
« aux autres assurés de la tontine. On voit par là que l'assuré
« est engagé d'une façon sévère et inéluctable ; mais, quant
« aux obligations de la Compagnie, elles ne se trouvent que
« bien vaguement formulées dans les conditions du contrat.
« — Voici comment l'assuré arrivé à être à la merci de
« la Compagnie.
« L' « Equitable » a été assez heureuse dans le choix de
« son premier président : ce fut William Alexander, le théo-
« logien de Princeton, avantageusement connu sous le nom
« de Bill Alexander. Ce fut un homme d'un commerce dis-
« tingué et d'allures élégantes. Il possédait une position
« sociale élevée, et on pouvait lui supposer de l'intégrité
« personnelle. Il était le fils d'Archibald Alexander, de mé-
« moire bénie ; il était le frère d'Addison, le grand pro-

« fesseur, et frère aussi de James, le prédicateur éloquent.
« Ce furent là les personnages influents qui recomman-
« dèrent l' « Equitable » à la confiance des presbytériens ;
« ce ne furent pas les patrons politiques et financiers (figu-
« reheads), qui figurent aujourd'hui sur les prospectus de la
« Compagnie.

« A cette époque, le général Grant était encore simple tan-
« neur et la plupart des protecteurs actuels de « l'Equitable »,
« étaient des personnes totalement inconnues. Les presbyté-
« riens ont eu foi dans le nom d'Alexander. Ce sont nos pré-
« dicateurs, nos communautés, qui ont patronné « l'Equi-
« table ». Les autres, croyant que nous avions de bonnes
« raisons pour agir ainsi, suivirent notre exemple.

« Ces Alexander furent des hommes possédant un grand
« pouvoir moral, mais ils sont tous morts maintenant.

⁂

« Aujourd'hui nous sommes à la veille de la répartition
« finale de plusieurs groupes de tontine et il se pose cette
« question intéressante : La confiance dans la loyauté de
« l' « Equitable » était-elle fondée ?

« Nous sommes obligés de répondre à cette question, et
« cela pour trois raisons. 1° La Compagnie a publié ses
« prospectus dans la gazette de notre Église et a été par
« nous recommandée à la bienveillance de nos lecteurs ;
« 2° dans la circulaire de la Compagnie, où elle fait appel
« à un patronage bienveillant, circulaire qui vient d'être
« lancée, figure aussi le nom de notre rédacteur à titre de
« garant de la solvabilité sociale de cette Compagnie ; 3° nous
« avons des raisons valables pour supposer que l' « Equitable »
« procédera à l'égard des assurés du Sud de la même façon
« dont elle a procédé à notre égard.

« Nous avons déjà dit que, les conditions dures du contrat
« aidant, tous les assurés sont formellement livrés à la merci
« de l' « Equitable », et cela pour les raisons suivantes :

« 1° Les tribunaux décident que, par la signature d'un
« contrat, tous les droits antérieurs, non spécifiés dans le
« présent contrat, deviennent nuls et non avenus ;

« 2° Les polices sont rédigées avec assez de soin pour que

« les droits des assurés ne s'y accusent pas sous une forme
« bien précise. Tout ce qui s'y rapporte est abandonné à
« l'agent ;

« 3° Et, afin que le pouvoir de la Compagnie devienne
« complet, afin que l' « Equitable » soit dégagée de toute res-
« ponsabilité, *elle a inséré dans le texte de la police une*
« *clause portant qu'elle décline toute la responsabilité des*
« *assertions de ses agents, ce qui veut dire que la Compagnie*
« *s'autorise elle-même à démentir à tout moment toute affir-*
« *mation, tout exposé au moyen desquels un agent quel-*
« *conque a amené le public à s'assurer.*

« Voici quelle fut la manière pratique de procéder de
« l' « Équitable ».

« Pour se former une clientèle, la Compagnie a, en 1871,
« répandu parmi ses agents l'exposé suivant :

« Résultat probable de la tontine, dite police thésauri-
« seuse : Calcul de M. Sheppard Homans aide-greffier, établi
« sur la base d'une police d'une valeur assurée de 10,000 $.
« Age : 37 ans.

« Après quinze ans l'assuré a le choix entre :

« *a.*) La restitution de 151 0/0 de ses primes ou

« *b.*) L'obtention d'une police libérée de 14,000 $ de
« valeur assurée ou

» *c.*) L'amortissement de ses primes annuelles par les bé-
« néfices accumulés et la garantie, au moyen des bénéfices
« courants et à partir du moment de l'amortissement achevé
« des primes, d'un revenu annuel de 173.30 $.

« Aujourd'hui la Compagnie se fonde sur le droit qu'elle
« s'est réservé de démentir ses agents et récuse sa responsa-
« bilité de l'exposé reproduit ci-dessus. Et cependant la Com-
« pagnie a encore promis bien plus que M. Sheppard Homans,
« puisqu'elle a déclaré textuellement : *Les assurés obtien-*
« *dront certes des avantages tels que, si nous les énumérions*
« *actuellement, on pourrait nous taxer d'exagération.*

« Il n'était donc nullement exagéré de supposer que les
« primes échues, y compris les intérêts — à quoi il convient
« d'ajouter les primes de la police restées valables. — don-
« neraient, après quinze ans. 150 0/0 des primes versées et
« fourniraient, en outre, un excédent considérable en faveur
de la Compagnie.

****

« Mais laissons la parole à l'expérience faite par nous-
« même. Confiant dans la loyauté de la Compagnie, nous
« avons pris une police de 5,000 dollars et avons patiemment
« payé quinze ans durant nos primes, fruits d'une économie
« presque pénible. *Au mois de juillet de l'année dernière,*
« *nous fûmes prévenu par la Compagnie que le groupe dont*
« *nous faisions partie arrivait à la « répartition » et, en*
« *guise de produit des 2.347.50 dollars (en y comprenant*
« *les intérêts) que nous avions fournis, ladite Compagnie*
« *nous offrit* **1,723** *dollars! c'est-à-dire la moitié de ce que*
« *nous aurions obtenu en plaçant les fonds déboursés pour nos*
« *primes à 5 0/0 seulement et 75 0/0 de moins (la Compagnie*
« *le concède elle-même) de ce que nous avons réellement*
« *versé entre les mains de la Compagnie.*

« Nous osâmes faire observer à la Compagnie l' « Equi-
« table » qu'il y avait une grande différence entre cette ré-
« partition et les promesses qui nous avaient engagé à
« adhérer à la tontine.

« La Compagnie nous répondit que, d'abord, elle n'était
« responsable que des dispositions vagues de la police, et
« non pas des exposés de ses agents, et *que le système des*
« *assurances au moyen de tontines n'avait pas réussi dans*
« *le Sud.*

« Faisant abstraction de ce que cette réponse peut avoir
« ou non de topique pour notre cas spécial, nous voyons
« par là toujours la politique de la Compagnie exposée sous
« son vrai jour. Si nous avons bien compris, voici comment
« a procédé la Compagnie : elle a utilisé ses agents en vue
« d'allécher le client par les promesses les plus téméraires,
« et elle désavoue ces mêmes agents, aussitôt qu'il s'agit
« d'accomplir en réalité lesdites promesses.

« Mais de ce qui précède résulte encore une autre conclu-
« sion bien importante, celle-ci :

« La communication privée de l' « Equitable » portant que
« le système des tontines n'a pas réussi dans le Sud, est en
« contradiction flagrante avec l'affirmation officielle, aux
« termes de laquelle un succès glorieux, complet et durable
« était assuré à la tontine. Nous nous en rapportons à cet

« égard à l'Exposé de l' « Equitable », publié sous ses
« auspices dans le *New-York Independent*.

« *Si cet exposé officiel est exact, l' « Equitable » a, pen-*
« *dant des années entières, systématiquement et de propos*
« *délibéré, fait des promesses qu'elle déclare à présent mal*
« *fondées et qu'elle devait de tout temps savoir irréalisables.*

« D'ailleurs, nous n'avonspas à rechercher ici, en présence
« des résultats qui se produisent, laquelle des affirmations de
« l' « Equitable » est exacte. Il en résulte toujours que
« l' « Equitable » présente une catégorie d'exposés et de pro-
« messes de prospérité lorsqu'il s'agit de recruter des clients,
« et une autre catégorie d'exposés et d'aveux d'insuccès,
« lorsqu'il s'agit de satisfaire aux droits des associés de la
« tontine.

« Cette divergence entre la théorie et la pratique prouve,
« d'une manière irréfutable, que le public est induit en
« erreur par la Compagnie, et nous sommes assez stupéfié
« en voyant que l' « Equitable use aujourd'hui, pour s'assurer
« une nouvelle clientèle dans notre district, de ces mêmes
« moyens que nous venons de décrire. *Nous ne sommes donc*
« *nullement flatté de trouver notre nom parmi ceux qui*
« *garantissent la loyauté de la Compagnie. En continuant*
« *à permettre que l'on se serve de notre nom, en guise d'un*
« *patronage influent, nous nous rendrions, à nos yeux, com-*
« *plice d'un procédé que nous jugeons inqualifiable, procédé*
« *qui, porté devant les tribunaux, y serait certainement*
« *l'objet d'une condamnation.*

« *Cette affaire intéresse l'opinion publique à ce point, que*
« *le silence équivaudrait à un méfait, et comme les presbyté-*
« *riens ont, sous plus d'un rapport, servi d'instrument pour*
« *recommander la Compagnie à la confiance du public, nous*
« *estimons nécessaire que ce soient également les presbyté-*
« *riens qui jettent le premier cri d'alarme, lorsqu'on fait*
« *abus de la confiance de ce même public.*

« (Signé) Henry M. Smith. »

*
* *

Nous avons reçu de M. Henry M. Smith, éditeur de la
feuille religieuse : « Southwestern Presbyterian, » parais-

sant à la Nouvelle-Orléans, la lettre suivante, à la date du 28 janvier courant :

La Nouvelle-Orléans, 12 janvier 1885.

M. Louis Schönberger, à Vienne.

Mes meilleurs remerciements pour l'envoi du n° 50 (17ᵉ année) de votre estimable journal financier, numéro dans lequel vous m'avez fait l'honneur de reproduire mon article contre l' « Equitable, » compagnie d'assurances sur la vie, ayant son siège à New-York. Je suis charmé d'apprendre que l'on sache aussi, en Autriche et ailleurs, caractériser le procédé curieux qui m'a obligé de recourir à la publicité afin de démasquer une compagnie qui n'a en vue que son avantage et non pas celui du public.

Permettez-moi de vous adresser, en même temps, les articles ultérieurs que je me suis vu forcé de publier dans cette fâcheuse affaire.

La tentative de justification de ladite Compagnie m'a contraint de faire paraître ces articles. Permettez-moi encore d'appeler votre attention sur ce point que nous n'avons utilisé, dans tout le cours de la présente polémique, que les circulaires et les affirmations de la Compagnie elle-même. Si ces éclaircissements pouvaient contribuer à la protection du public contre les empiétements de cette nature, je me sentirais suffisamment récompensé de tous les désagréments que m'a valus cette polémique.

Agréez, etc.

(*Signé*) H. M. SMITH,

Editor of « Southwestern Preysbyterian. »

***

Dans une feuille américaine, nous trouvons la déclaration suivante :

Denver, Colorado (Etat de), 9 janvier 1883.

Le 25 septembre 1872, je me suis assuré à l' « Equitable », compagnie d'assurances ayant son siège à New-York, par la police n° 74,219, pour un montant de 5,000 dollars. Durée de la tontine : 10 ans. Prime annuelle : 123.90 dollars.

J'ai pris cette police dans la supposition qu'après 10 ans, terme final de la police, je recevrai, soit une police libérée de 5,000 $, soit 1,300 $ en espèces.

Au mois de juillet 1882, soixante jours environ avant l'échéance de ma police, je me suis informé, à ce sujet, auprès de M. I.-C. Harley, agent général de la Compagnie à Denver ; celui-ci m'a déclaré que ma police vaudrait, le 25 septembre, 912.85 $ en espèces ou une police libérée de 2,700 $.

A la place de cette dernière somme, la Compagnie m'a finalement versé 746.05 $, c'est-à-dire 353.95 $ de moins que le montant qui m'avait été promis.

Au lieu de paiement en espèces, on m'a offert une police libérée de 1,900 dollars.

Je considère l'assurance genre tontine, telle qu'elle est faite par l' « Equitable, » comme frisant l'E.....!

(Signé) A. N. CAULKINS.

MAUVAISE FOI AMÉRICAINE

Sous ce titre attrayant : « *Sommes-nous un peuple de gredins?* » un article du numéro de juillet 1884, de la « *North american Review* » traite les cas nombreux de manque de parole, savoir : de non-accomplissement d'engagements contractés par divers Etats, communes et corporations de l'Union américaine, cas qui ont tant contribué à entacher la bonne renommée des Etats-Unis.

L'auteur de cet article, un patriote américain, M. Hume, cite les États suivants de l'« Union », devenus insolvables, en mettant en regard les chiffres des sommes respectives auxquelles il convient d'ajouter les intérêts en souffrance :

	Dollars.
L'Alabama	38,812,000
L'Arkansas	20,807,000
La Floride	5,280,000
La Géorgie	13,580,000
La Louisiane	32,115,000
A reporter	110,594,000

<table>
<tr><td>Report.............</td><td align="right">110,394,000</td></tr>
<tr><td>Le Minnesota.................</td><td align="right">5,960,000</td></tr>
<tr><td>Le Mississipi..................</td><td align="right">22,600,000</td></tr>
<tr><td>La Caroline du Nord............</td><td align="right">48,350,000</td></tr>
<tr><td>La Caroline du Sud.............</td><td align="right">19,500,000</td></tr>
<tr><td>Le Tennessee..................</td><td align="right">29,850,000</td></tr>
<tr><td>La Virginie et la Virginie occidentale.</td><td align="right">72,200,000</td></tr>
<tr><td align="right">Total....</td><td align="right">309,054,000</td></tr>
</table>

La somme énumérée ci-dessus dépasse de plus de 50 millions de dollars tous les frais de la guerre d'indépendance faite par l'Amérique à l'Angleterre ; elle dépasse la valeur estimative de la propriété dans seize États de l'Union. Mais ces comparaisons-là ne fournissent pas encore un tableau exact de la situation ; il convient de se servir d'une autre comparaison pour rendre le contraste plus frappant. Il faut juxtaposer, au total des sommes relativement auxquelles des États et des communes de l'Union sont devenus insolvables, le total de celles par rapport auxquelles des États et des communes de l'Union sont encore solvables. Or, le total de ces dernières n'est que de 190,849,978 dollars, en présence des 309 millions de dollars, pour lesquels, suivant Hume, d'autres États et communes de la grande République transatlantique sont insolvables. Mais, quelque grand que soit ce dernier total, il ne représenterait pas encore *toutes* les dettes en souffrance des États et des corporations des États-Unis, plusieurs cas de cette nature ayant été négligés par M. Hume. Mais ce qu'il dit intéressera aussi, dans ses détails, que nous reproduisons ci-après, détails dont plusieurs sont probablement inconnus aux lecteurs européens. Les voici :

« Des villes, des districts, des communes et des autorités
« scolaires, un peu partout dans le pays, ont, comme l'on sait,
« émis leurs engagements sous forme d'obligations, soit de
« *bonds*. Parmi ces entreprises locales il y en a tant deve-
« nues insolvables, que le montant des obligations de cette
« nature faisant encore le service des intérêts est de beau-
« coup inférieur à celui des obligations en souffrance. Pour
« comprendre jusqu'à quel point on pratique chez nous le
« manque de parole, il nous suffira de jeter un coup d'œil
« sur la vallée du Mississipi, voire sur la partie la plus riche,

« la plus prospère de cette vallée, et de noter le nombre des
« communes de cette contrée qui ont cherché à se soustraire
« à l'un ou à l'autre de leurs engagements. Nous pouvons
« commencer la liste des villes insolvables par Duluth, sur le
« lac Supérieur. Viennent ensuite : Keokuk et Mc. Gregor,
« dans le Iowah ; Quincy et Le Caire, dans l'Illinois ; Saint-
« Joseph et Cape-Girardeau dans le Missouri ; Lavenworth,
« Lawrence et Topeka dans le Kansas ; Nebraska, dans l'Etat
« du même nom ; Little-Rock et Helena, dans l'Arkansas ;
« Memphis, dans le Tennessee ; la Nouvelle-Orléans et Shreve-
« port, dans la Louisiane ; Houston, dans le Texas, et enfin,
« Mobile, ville située sur le golfe du Mexique. Mais, en pro-
« cédant à cette énumération, nous avons négligé plus d'une
« commune insolvable, peut-être parce que le montant de son
« passif était trop peu considérable pour nous y arrêter.
« Ainsi, par exemple, dans l'Illinois, l'Etat le plus riche, plus
« d'un tiers sur environ trois cents communes qui ont émis
« des *bonds* pour la construction de chemins de fer et autres
« travaux publics, ont refusé de payer et cherché à se sous-
« traire à leurs engagements. Sur environ cent villes et com-
« munes du Missouri qui avaient émis *des bonds*, les neuf
« dixièmes ne les ont pas remboursés. Dans le Kansas les
« choses prennent une allure quelque peu meilleure, mais là
« aussi la situation est assez humiliante ; tandis que pour
« l'Arkansas nous savons que toutes les communes sont
« complètement d'accord pour devenir infidèles à leurs
« engagements. Mais ici nous n'avons mentionné au total
« que quatre Etats de l'Union, tandis qu'il y en a bien davan-
« tage qui rentrent dans la même catégorie. On peut trouver
« jusqu'au seuil de New-York des communes et des corpora-
« tions ayant renié leurs signatures.

« Naturellement, les municipalités se sont efforcées d'affu-
« bler leur refus de remplir leurs engagements, d'un sem-
« blant de légalité, en profitant de quelque vice de forme
« dans la rédaction des actes constatant leurs engagements,
« moyen qui leur a souvent réussi. Elles ont exploité, après
« coup et sans le moindre scrupule, l'ignorance et la négli-
« gence de leurs propres fonctionnaires dans la rédaction
« des *bonds*. S'il n'y avait pas moyen de trouver une base
« légale au procès intenté, ce dernier était à ce point traîné

« en longueur, que les créanciers, fatigués et écœurés, se
« sont déclarés prêts à accepter, à l'amiable, la moitié de
« ce qui leur était légalement dû. Dans beaucoup de cas, on
« traîne le procès pendant des années entières sans aboutir à
« une décision. La perte des créanciers est peut-être au
« total plus considérable encore auprès des petites com-
« munes et corporations qu'auprès des États insolvables.
« C'est qu'il existe non seulement des communes réellement
« insolvables, mais aussi d'autres qui, de propos délibéré, ne
« remplissent pas leurs engagements. En ajoutant les inté-
« rêts au capital et en tenant compte du fait que ce système
« dure encore, on doit supposer que, sans un changement
« radical sous ce rapport, les dettes grossies, auront, dans
« les dix années prochaines, atteint un milliard de dollars.
« Qu'il s'écoule encore un petit nombre d'années sans qu'il
« soit mis fin à cette marche des choses, et les États et com-
« munes insolvables devront une somme *plus grande* que
« celle représentée par la Dette nationale de l'Union, qui est
« actuellement de 1.500 millions de dollars environ. Car, la
« dette des communes et des corporations, non désireuses
« ou incapables de payer, s'accroît dans les mêmes propor-
« tions dans lesquelles la Dette nationale diminue.

« La tendance des municipalités riches à secouer le
« fardeau des engagements contractés par elles ressort,
« d'une façon manifeste, de quelques cas positivement
« réjouissants. Un certain nombre de communes de l'Arkan-
« sas s'étaient alliées dans le but de refuser le payement
« de *bonds* montant à 2 millions de dollars, sous ce pré-
« texte que, lors qu'on a fait la copie du projet de loi
« spécial autorisant l'émission de ces « bonds », on avait mis
« un mot à *trois* lettres pour un autre mot à *deux* lettres, mots
« qui étaient, d'ailleurs, à peu près insignifiants — et que
« de cela il résultait que tout l'emprunt reposait sur une
« base illégale. Une commune du Missouri avait déjà émis
« le maximum des *bonds* auquel l'autorisait une loi. Ces
« *bonds* étaient mal imprimés, et les acquéreurs demandaient
« qu'on leur donnât à la place des obligations ayant meil-
« leur aspect. L'administration de la commune se montra
« très empressée d'acquiescer à cette demande. Mais, plus
« tard, elle objecta que les anciens *bonds* restitués repré-

« sentaient le maximum de l'émission autorisée, et que les
« nouveaux *bonds*, qui étaient plus beaux, étaient sans base
« légale, par conséquent nuls, parce qu'ils dépassaient ce
« maximum. Une commune du Kansas, menacée d'un pro-
« cès pour non-remboursement de *bonds*, élut, pour l'ad-
« ministrer, des personnes qui durent s'engager à ne pas
« se montrer dans les bureaux pendant les heures offi-
« cielles, de sorte qu'il n'y avait personne à qui l'on pût
« signifier des assignations ou autres actes d'ordre judi-
« ciaire ; mais à peine les heures de bureau étaient-elles
« passées, que les fonctionnaires s'y installaient et tra-
« vaillaient toute la nuit, pour disparaître au moment où
« les heures officielles devaient recommencer. Quelque chose
« de semblable arriva aussi dans le Missouri, avec cette dif-
« férence cependant que, dans ce dernier endroit, on avait
« placé des sentinelles devant signaler l'approche, vers la
« mairie, d'un individu « dangereux », c'est-à-dire d'un in-
« connu, de sorte que les créanciers durent avoir recours à
« une contre-ruse ; ils le firent sous la forme suivante : Le
« *bailli* (sergent judiciaire) du tribunal, à qui il incombait
« de signifier la demande, se fit arrêter comme ivrogne, afin
« de pouvoir pénétrer dans la maison commune. Une fois là,
« il s'acquitta de sa tâche. Les fonctionnaires publics d'une
« commune de l'Arkansas avaient pour habitude de résigner
« leurs fonctions aussi souvent qu'ils avaient accompli un
« acte important pour la commune, et de reparaître seule-
« ment lorsqu'une affaire importante ou urgente exigeait
« de nouveau leur présence.

« Mais ils s'étaient concertés en secret avec le gouverneur
« de l'Etat, dans ce sens qu'il n'acceptait la démission que
« pour renommer les mêmes membres, aussi souvent qu'ils
« auraient quelque tâche à accomplir ; qu'aussitôt après il
« accepterait de nouveau leur démission et ainsi de suite,
« afin que là non plus il n'y eût d'administration fonction-
« nant régulièrement et à laquelle on pût signifier des assi-
« gnations et des exécutoires, etc. Mais le fait le plus curieux
« de ce genre s'est passé à Memphis, Etat de Tennessee, où
« la commune a commis un acte qu'on ne peut qualifier que
« de suicide, afin de se délivrer de ses engagements. Voici
« comment : elle demanda et obtint de l'Etat l'autorisation

« de redevenir, de ville et commune libre qu'elle était, un
« *taxing district*, soit un district payant impôts, qui ne pos-
« sède aucun des droits inhérents aux corporations ; par
« conséquent, la corporation qui avait contracté la dette
« n'existait plus. On croirait que là il faut tirer l'échelle,
« que c'était là un procédé qu'on ne pouvait dépasser, et
« cependant il a été dépassé à Duluth, la fameuse *Zenith*
« *City* des lacs non salés. La jeune commune avait com-
« pris dans la ville une certaine étendue de forêt et de
« prairie et y avait fait procéder aux travaux nécessaires,
« en vue desquels elle contractait un emprunt. Lorsqu'arriva
« l'échéance de remboursement de cet emprunt, la ville se
« décida à disjoindre une partie de son territoire sous ce
« titre : « Village de Duluth », et à dispenser ce village, —
« qui, par hasard, contenait tous les immeubles importants,
« tels que l'hôtel de ville, l'école, etc., — de l'obligation de
« répondre des dettes de la ville. Il ne restait plus, en tant
« que *ville de « Duluth »*, qu'une partie de la prairie, c'est-à-
« dire le désert, et *cette* ville se déclarait, il était facile de
« le prévoir, hors d'état de remplir ses engagements. Voilà
« ce qui est bien le *nec plus ultra* de la ruse. Cependant une
« ville du Kansas, jeune, et donnant, certes, de grandes espé-
« rances, alla encore un peu plus loin. Elle commença par
« émettre autant de *bonds* qu'il était humainement possible,
« et, ensuite, acheta une partie de la prairie voisine, qui
« *n'avait pas* fait partie de la ville à l'époque à laquelle la
« dette avait été contractée et, par conséquent, ne pouvait
« pas non plus servir d'hypothèque pour cette dette ; ensuite
« elle fit démolir les maisons construites sur l'ancien empla-
« cement et reconstruire sur le nouveau terrain ; de telle
« sorte que ce qui avait été la ville devenait le désert et réci-
« proquement. En d'autres termes, toute la ville se déroba à
« ses créanciers. »

L'auteur du susdit article dans la feuille américaine s'é-
tend encore sur l'histoire des manœuvres frauduleuses du
bill dit de Riddleberg, histoire parfaitement connue en Angleterre, et qui a valu à la Virginie le surnom de « *coupon-
kiler* » (tueuse de coupons). Cet auteur termine son exposé
instructif par les conclusions suivantes :

« Reste seulement une question, savoir : le gouverne-

« ment dés États-Unis fera-t-il dans cette affaire, c'est-à-dire
« à propos de ces manques de parole honteux de la part des
« communes et des corporations, quelque chose pour sauver
« l'honneur de toute la nation, car c'est réellement l'honneur
« de tout le peuple américain qui est en jeu. Si un certain
« nombre de nos États suivent, à l'égard de leurs créan-
« ciers, qui, on le concède généralement, se sont con-
« duits d'une façon absolument honnête, un procédé qui est
« beaucoup plus éhonté que celui pratiqué par la Turquie et
« l'Egypte, et si le gouvernement central se montre assez
« impuissant pour ne pouvoir mettre fin à ces agissements,
« ni par ses tribunaux, ni de nulle autre manière, ou bien,
« malgré les richesses débordantes du Trésor et malgré son
« pouvoir légal suffisant, assez indifférent pour laisser libre
« cours aux procédés que nous venons de décrire; si le pré-
« sident, les sénateurs et les autres fonctionnaires publics
« continuent à accorder leur faveur et leur appui à ceux qui
« dépouillent si imprudemment leurs créanciers, au lieu de
« prendre parti pour les victimes des escroqueries; si nos
« partis politiques continuent à couvrir de leur autorité les
« vœux et les aspirations des escrocs, et cela dans l'espoir
« d'acheter, par ce moyen, l'appui desdits escrocs pour leurs
« visées et intérêts particuliers de parti; si notamment le
« parti dont les membres ont, dans les divers États, créé
« toute la série des *bonds* en souffrance, continue à prêter
« main-forte à ceux qui détroussent les créanciers; si la
« grande masse de notre peuple continue, à l'avenir, à con-
« templer avec indifférence des agissements de la nature
« de ceux que nous venons de retracer, les sanctionnant
« ainsi; si cette masse ne veut pas faire d'efforts pour
« forcer la législation et les hommes dirigeants de l'État
« à maintenir la confiance publique, à sauvegarder l'hon-
« neur national, *alors* il arrivera inéluctablement, et ce ne
« sera que justice, que le monde civilisé nous criera : *Oui,*
« *vous êtes un peuple de gredins !* »

UNE VOIX DE L'AUSTRALIE
relativement à la Tontine américaine

Le fléau dévastateur de la *tontine* et de ses combinaisons est combattu aussi bien sur ce continent que dans les Etats européens. Preuve, un discours du président de la « *Australian Provident Mutual Society*, » une des compagnies d'assurances les plus importantes de l'Australie (fondée en 1849). Ce discours, prononcé à l'occasion de la trente-cinquième assemblée générale ordinaire de ladite Société, stigmatise les procédés des compagnies américaines, qui s'efforcent de glisser la tontine dans le continent austral, sous divers déguisements et au préjudice des compagnies d'assurances sur la vie sérieuses; il les stigmatise dans un langage dont la clarté ne laisse rien à désirer :

« Il est superflu, dit-il entre autres, de rappeler à mes
« auditeurs que le nom de « *Tontine* » a, dans les commen-
« cements, désigné un système d'annuités inventé par Tonti
« au dix-septième siècle. Dans le plan primitif, un certain
« nombre de personnes versaient des cotisations annuelles
« dans un fonds commun, capital dont les intérêts étaient
« distribués tous les ans entre les participants vivants, tan-
« dis que la totalité des mises primitives revenait au dernier
« survivant du groupe. Cette combinaison présentait l'incon-
« vénient regrettable, que chacun des membres cherchait
« autant que possible à se défaire de ses coparticipants, et,
« comme il était facile de le prévoir, le gouvernement prit
« des mesures. La tontine fut légalement abolie.

« C'est en 1868 que la théorie tontinière fut de nouveau
« adoptée par l'« Équitable », compagnie d'assurances amé-
« ricaine, et les observations que j'ai l'honneur de vous pré-
« senter à ce sujet se rapportent à ce genre d'affaires, in-
« troduit chez nous depuis peu par deux des plus grands
« établissements américains. Le principe de la tontine, tel
« que le pratiquent l'« Équitable » et la « New-York », peut
« se définir par la description suivante du procédé :

« Un certain nombre de personnes — mettons-en mille —
« s'assurent dans le courant de la même année, chacun pour
« la somme de 500 £ pour un certain nombre d'années, par

« exemple dix, quinze ou vingt ans. Les cotisations annuelles
« de ces 1,000 membres servent à l'établissement d'une
« réserve, et les polices arrivant à échéance, par suite de
« décès, à un moment quelconque de la susdite période, sont
« remboursées par le total du capital assuré, mais par ce ca-
« pital seulement, sans aucun bénéfice. A l'expiration de la
« période en question, la réserve, voire l'excédent de cette
« réserve, est distribué parmi les survivants dont les po-
« lices sont restées en vigueur. Mais ceux qui abandonnent
« leur assurance avant le terme final perdent tous leurs ver-
« sements faits ; car sous ce rapport la tontine est impitoya-
« ble, et le contrat d'assurances devient irrévocablement nul
« après un retard d'un mois du paiement de la prime. En
« outre, cette Compagnie n'admet ni rachat ni réduction
« du capital ; il n'y a pas non plus possibilité d'emprunter
« sur la police, fait qui constitue un inconvénient aussi grand
« que les autres.

« Quant à ceux qui cèdent à la tentation, ils feront bien
« de réfléchir aux conséquences de leurs engagements. Que,
« dans une tontine calculée pour quinze ans, un assuré dé-
« cède après quatorze ans et demi d'assurance, ses héritiers
« ne touchent que le capital assuré, tandis que si ce même
« assuré vit au delà des quinze ans, il obtient un grand béné-
« fice. Mais l'assuré, à qui sa position matérielle ne permet
« par de payer ponctuellement ses primes, perd toutes ses
« économies antérieurement faites, bien qu'il ait payé régu-
« lièrement ses primes pendant dix à douze ans, et un seul
« jour de retard, après le délai d'un mois concédé, a pour
« conséquence la déchéance complète de la police. Et même,
« ce délai de trente jours, on ne l'obtient que contre une
« amende montant à 10 0/0 par an. Voilà la nature des con-
« ditions que ces compagnies proposent à notre colonie.

« Il me semble cependant que la tontine, à moins d'être
« le contraire de l'assurance en général, ne saurait être
« autre chose qu'un mélange d'assurance et de loterie,
« c'est-à-dire une combinaison entachée de la passion du
« jeu. Dans une association de ce genre, les bénéfices des
« survivants ont leur source, en grande partie, dans le mal-
« heur de leurs coassurés, puisque ces bénéfices se compo-
« sent des sommes ayant été destinées à soulager dans leurs

« besoins les assurés moins favorisés. Il convient, en outre,
« de mentionner les nombreux cas de nullité prévus dans
« les conditions imposées aux assurés par les compagnies
« américaines.

« *Dans ce qui précède, je n'ai pas encore pris en considéra-*
« *tion la légalité de la tontine. Il faut donc que je constate*
« *maintenant ceci : La législation de l'Etat de Massachu-*
« *sets interdit les polices tontinières, et je me permettrais*
« *même de douter que l'assurance par la tontine puisse*
« *être considérée comme licite au point de vue de la législa-*
« *tion anglaise.* — On reconnaîtra donc, par mes explica-
« tions, que ces contrats sont immoraux et en opposition
« avec les véritables principes d'assurance. C'est en vain
« que les défenseurs de la tontine s'efforcent de prouver
« que les héritiers des assurés décédés sont indemnisés au
« delà de ce qui leur est dû, par la simple restitution du
« capital, tandis que les survivants seuls ont un droit au
« bénéfice. Ce sont là de purs sophismes. »

UNE VOIX ANGLAISE

Concernant les Compagnies américaines d'assurances sur la vie.

Le « Scottish Provident », fondé en 1867 à Edimbourg,
est un des établisssements les plus populaires du monde.
M. James Watson, directeur de cette Compagnie, surveille,
depuis longtemps déjà, les menées des compagnies d'assurances sur la vie immigrées des Etats-Unis.

Or, il y a quelque temps, l' « Equitable » américaine a
lancé, en une quantité innombrable d'exemplaires, un nouveau prospectus, contenant toute une série de comparaisons
arbitraires, d'affirmations insoutenables.

Ces affirmations et ces comparaisons ont amené M. Watson
à publier une déclaration dont nous ne reproduisons ici qu'un
petit extrait. Il y est dit :

« Nous avons déjà qualifié les procédés employés par les
« compagnies américaines opérant chez nous, et mis sous

« leur véritable jour les comparaisons archifausses et les
« déclarations dont elles se servent comme engins de con-
« currence et qui sont de nature à induire dans de graves
« erreurs. Ces compagnies distribuent des bulletins, dits
« d'estimation et soi-disant basés sur l'expérience, relative-
« ment aux avantages dont ils nous présentent la perspective.
« Dans le nombre de ces avantages figure la restitution
« de toutes les primes, avec intérêts, après une durée de
« 10 — 20 ans d'assurance. On ne se contente pas de ré-
« pandre ces bulletins dans le public, mais on les adresse
« spécialement à nos assurés, les invitant à nous quitter et à
« s'assurer à l'«Equitable » américaine. Une manière d'agir
« semblable a été sans précédent jusqu'ici. Mais, abstraction
« faite de ces procédés, toutes ces affirmations ont pour base
« le mensonge, et les soi-disant valeurs d'estimation de ces
« bulletins n'ont pour fondement que la fantaisie et point
« l'expérience. Ce sont, dans leur totalité, des affirmations
« et des promesses qui ne sauraient se réaliser.

« Grâce à une profusion au delà de toute mesure, de pro-
« messes irréalisables, les établissements américains ont
« réussi à encaisser tous les ans des sommes énormes pour
« assurances, mais il est douteux que les avantages obtenus
« de cette manière soient bien considérables. Si une morta-
« lité plus favorable (moins grande) avait rendu plus faciles
« à supporter les charges qui pèsent sur l'«Équitable », cette
« Compagnie pourrait se vanter d'avoir remporté un succès.
« Mais cela n'est pas. Des affaires bâclées un peu partout
« ne peuvent pas être triées avec le même soin qu'un seul
« million d'affaires fait en Angleterre. Vu les frais consi-
« dérables de cette Compagnie et les conditions de rachat
« qu'elle accorde, on peut aisément se figurer ce qui arri-
« verait dans le cas d'une stagnation subite dans les
« affaires nouvelles. Il suffit de se rappeler qu'en son temps
« la « Continental » américaine s'était vantée d'avoir délivré
« un plus grand nombre de polices qu'aucune autre com-
« pagnie dans le monde; un an après, elle fut en liqui-
« dation, etc. »

LA TONTINE AMÉRICAINE
devant le juge.

Le *Insurance Monitor*, feuille qui généralement chante sur tous les tons les louanges des Compagnies américaines, et à laquelle on ne saurait par conséquent faire le reproche de partialité à l'encontre des compagnies d'assurances de son pays, raconte le cas intéressant qui suit : « Un M. Frédé-
« ric Ulmann, qui avait, en 1871, pris une police de tontine
« de 5.000 dollars pour dix ans à la « New York », a toujours
« ponctuellement payé sa prime jusqu'au dernier terme.
« Lorsque ce terme approcha, la « New-York » plaça
« l'assuré devant l'alternative ou bien de toucher le résultat
« sous forme de capital, ou bien de prendre en échange
« une rente viagère. Mais il fut absolument impossible de
« déterminer M. Ulmann à accepter soit l'une, soit l'autre
« offre de la « New-York ». C'est qu'il était devenu méfiant.
« Il exigea donc avec insistance qu'on lui fournît la preuve
« que les résultats de la liquidation étaient réellement tels
« que la « New-York » en avait fait le relevé à l'usage des
« participants de ce groupe. Il demanda d'abord à prendre
« connaissance des données détaillées de tout, savoir : Le
« nombre des polices, les cas de décès survenus, etc.,
« pour s'assurer que la distribution se faisait sur une base
« réelle. Avant d'obtenir tous ces éclaircissements, M. Ulmann
« déclarait ne vouloir même pas entendre parler de la part
« afférente de sa police dans la répartition. Mais la « New-
« York » ne se souciait guère de faire pénétrer un regard
« profane dans le sanctuaire des secrets de sa gestion et
« elle refusa la demande de l'assuré, aussi opiniâtre que cu-
« rieux. Mais ce fut là un de ces hommes qui ne capitulent
« pas facilement, et bien que la « New-York » prétendît,
« d'une part, qu'un profane ne se reconnaîtrait pas dans la
« comptabilité compliquée d'une compagnie d'assurances,
« et que, d'autre part, elle présentât sa reddition de comptes
« comme étant absolument correcte, M. Ulmann persista
« dans son droit et finit par intenter un procès à la « New-
« York ». Il eut gain de cause. Voici sur quel considérant le
« juge fondait sa sentence : La « New-York » est, disait-il,

« la débitrice, et M. Ulmann son créancier. Comme tel, ce
« dernier est autorisé à exiger une reddition de comptes avec
« les preuves à l'appui voulues. On ne peut pas l'obliger,
« par conséquent, à accepter sans conteste le résultat de la
« liquidation tel qu'il est présenté par la « New-York. »

***

Dans le procès d'Augustus Simons contre la « New-York »
en restitution des versements faits par le demandeur, le tribunal de New-York a décidé, conformément à l'arrêt du
juge de la cour d'appel Barnard, qu'en dépit des dispositions contraires des statuts, les primes payées devaient
être restituées.

The Review dit que ce jugement a été motivé par le considérant qui suit, savoir :

« Que la « New-York » avait négligé de posséder, comme
« c'était de son devoir, un fonds avec comptabilité séparée
« pour les détenteurs de polices des tontines. »

Le juge fait encore valoir le considérant suivant :

« Si ce système d'assurances était tel que le présente la
« New-York », il offrirait maints avantages et pourrait faci-
« lement gagner des adhérents ; mais si tout n'y est
« qu'appât et déception, les auteurs de ces manœuvres doi-
« vent indemniser qui de droit » (1).

Suit la confirmation du jugement de première instance et
la condamnation de la Compagnie aux frais du procès.

***

Ces cas démontrent que le plan des économies à réaliser
par la « tontine » était déjà en mauvaise odeur, même devant
des juges américains, bien que les compagnies exerçant leur
industrie en Europe la vantassent comme la meilleure forme
de police qui ait jamais été imaginée. Ce n'est certes pas mû
par une simple curiosité, que ce M. Ullmann a demandé les

---

(1) La « New-York » prétend aujourd'hui avoir obtenu gain de cause
dans ce procès devant la Cour suprême ; le considérant du juge ci-dessus
cité n'en existe pas moins.

preuves écrites du résultat de liquidation du groupe tontinier dont il faisait partie. Il l'a exigé, au contraire, animé d'une indignation légitime, parce que ce résultat était probablement loin de réaliser les promesses que lui avaient faites la Compagnie et ses agents. M. Ullmann est évidemment du nombre de ces désenchantés qui avaient pris à la lettre les calculs de probabilité présentés sous des couleurs séductrices, et qui maintenant demandent les preuves de l'exactitude des résultats du bilan. *C'est que c'est là précisément l'une des précieuses qualités de la tontine américaine, que les résultats réellement obtenus se soustraient complètement au contrôle!*

UN ÉCHO DE LA SUISSE
sur les tontines américaines

Pour le plus grand bonheur du public en général et pour celui de l'assurance sur la vie en particulier, l'assurance par la tontine n'a jamais pu prendre pied en Allemagne. Les compagnies « Équitable » et « New-York », font actuellement en Suisse les plus grands efforts pour y acclimater ce genre d'opérations.

En France, où ce dangereux parasite de l'assurance sur la vie a également cherché un terrain pour se développer, l'indignation des intéressés s'est manifestée violemment, la presse spéciale de l'assurance, en fidèle gardienne de l'intérêt public, a sonné le tocsin d'alarme.

Enfin, en Autriche, où l'on a introduit en son temps une sorte particulière de tontine, on constate avec satisfaction que ce genre d'opération diminue considérablement, non sans avoir causé des ravages regrettables.

En quoi consiste la tontine et où est le danger de ces sortes d'assurances?

La tontine américaine est une combinaison qui repose sur l'exploitation de la plus détestable passion humaine : la passion du jeu.

Au lieu que les assurés reçoivent — comme cela a lieu dans nos compagnies d'assurances — la part qui leur revient sur les excédents ou dividendes, soit en espèces, soit en la déduisant de la prime à payer, on ne pratique rien de semblable dans les tontines américaines.

Dans les tontines américaines, l'assuré fixe lui-même la durée de 15 ou 20 années pendant lesquelles il renonce à toute participation dans les bénéfices — tout en continuant à payer la prime annuelle — qu'il laisse à la Société pour augmenter sa mise de jeu.

S'il meurt avant l'expiration de la période tontinaire qu'il a choisie, on lui paie bien la somme pour laquelle il est assuré, mais les dividendes accumulés sont perdus pour lui au profit de ceux des co-participants qui, plus heureux que lui, ont choisi la même période tontinaire, mais qui ont la chance d'arriver à sa période.

Cette source de profits ne peut naturellement pas donner d'autres bénéfices aux survivants, que la somme des dividendes accumulés et périmés à leur profit, augmentés pourtant des intérêts qu'ils auront produits, et cette perspective n'est pas tellement alléchante qu'elle pourrait séduire beaucoup de monde, parce que la mise est hors de proportion avec le bénéfice probable.

Mais les compagnies américaines ont su se créer une autre source de profits autrement productive, quoiqu'elle repose sur un bénéfice immoral, et elle consiste en ceci : c'est qu'elle enlève aux assurés de la tontine le droit de rachat de leurs polices.

Ceux des assurés qui, avant l'échéance de la période tontinaire, se trouvent dans l'impossibilité de maintenir leur assurance, n'ont aucun droit sur n'importe quel remboursement ou sur n'importe quelle part de bénéfices. Ce bénéfice reste acquis à ceux des participants de la tontine qui ont pu aller jusqu'au bout.

Il suit de là que la tontine américaine n'est pas autre chose qu'un pari reposant sur une assurance sur la vie, et que les participants à la tontine ne sont pas autre chose que des joueurs qui forment une association de jeu, et dont chaque membre joue son va-tout pendant une certaine période.

Ceux-là perdent tout qui se trouvent dans l'impossibilité, par suite de circonstances de la vie, de remplir leurs engagements, et qui, par conséquent, sont obligés de renoncer à leur assurance.

Et quels sont, je vous prie, ces perdants? Hélas ! ce sont *plus pauvres*. C'est-à-dire précisément ceux-là pour qui le rachat de leur police et le montant qu'ils pourraient en recevoir serait l'ancre de salut, ou, tout au moins, pour qui la transformation de la police serait l'assurance d'avoir pourvu pendant leur vie à l'avenir de ceux qui leur sont chers, en faveur de qui ils ont voulu s'assurer.

Ceux qui viennent à mourir pendant la période tontinaire éprouvent la même perte, quoique dans d'autres conditions, et leur perte sera plus sensible au fur et à mesure qu'ils ont payé leur prime pendant plus longtemps.

Mais, doit-on se demander, quel est donc le bénéfice qui résulte pour les membres de la tontine, lorsqu'elle vient à sa fin et qu'il faut la liquider?

C'est ici qu'on aperçoit le côté nébuleux des tontines américaines, car ce bénéfice résulte de la double combinaison qu'on vient d'expliquer, et il est facile de comprendre qu'il ne peut se calculer que d'après la mortalité et ensuite d'après la perte essuyée par ceux qui n'ont pas pu continuer à payer leur police d'assurance, dès lors, l'on se trouve devant un chiffre inconnu et qu'il est impossible de contrôler. Mais moins ce chiffre est facile à contrôler, plus les compagnies peuvent pêcher en eau trouble, et elles peuvent à leur gré augmenter ou diminuer la part des coparticipants du dernier moment.

Volontairement ou involontairement, les compagnies américaines trouvent dans leurs agents des croupiers complaisants, car elles leur permettent d'établir devant leurs clients certains calculs troublant sur la probabilité des bénéfices après un nombre de dix années.

Les choses en sont venues à tel point que les compagnies — qui sont cependant sans scrupules — se sont vues elles-mêmes forcées de mettre un correctif aux calculs fantaisistes de leur peu délicats agents, en imprimant au dos de leurs prospectus « l'avis » suivant, auquel malheureusement le public ne fait pas assez attention :

« Les chiffres mis en avant par les agents ne méritent croyance, qu'en tant qu'ils sont d'accord avec le livre de probabilités publié en mai 1881 par la compagnie, et ils ne sauraient être considérés comme une promesse ou comme une garantie. »

Ainsi donc l'assuré ne saurait connaître d'avance l'engagement que l'assureur prend avec lui en s'engageant à payer sa prime, et cela seul démontre que les tontines américaines manquent de toute base morale et sérieuse, et qu'il s'agit d'agissements corrupteurs que les amis de la saine opération d'assurance sur la vie doivent condamner sévèrement.

Mais ce n'est pas tout, car il peut bien arriver que, pendant un temps plus ou moins long, la mortalité parmi les participants de la tontine dépasse la moyenne prévue et qu'il y ait excédent de décès, de manière que pour couvrir les polices il faut recourir à des prélèvements ; il en résulte que ces prélèvements sont considérés comme une perte qui incombe naturellement aux compagnies.

Cependant les participants de la tontine verront leurs bénéfices augmenter, par suite de l'abandon des dividendes des nombreux décédés.

Il est de la dernière évidence qu'un système qui repose sur l'exploitation de l'assureur par l'assuré, ne saurait être autre chose qu'un système condamnable, car, ou bien l'assureur doit tromper l'assuré, ou bien le participant d'une tontine ne trouve de bénéfice que dans la ruine de son propre assureur.

HISTOIRE DE LA CONTINENTALE
de New-York, en faillite.

La Continentale, de New-York, avait étendu ses opérations à l'Europe et elle a pu, en son temps, ainsi que le constate un organe spécial anglais, émettre dans de merveilleux comptes rendus annuels sa situation florissante. On lit textuellement dans un prospectus publié, en 1876, la phrase suivante :

« Notre Société a émis plus de polices nouvelles que n'importe quelle société du monde. »

Naturellement, on a fait aussi un grand étalage de cette merveilleuse surveillance administrative de l'autorité américaine, qui figure en tète de toutes les réclames de la Société. Cette surveillance était la cuirasse de la Société, contre laquelle venaient se briser toutes les critiques des incrédules, qui se permettaient de mettre en doute les chiffres et les faits avancés par la Compagnie dans ses prospectus.

Le refrain constant de la Compagnie était celui-ci : « On « ne peut mettre en doute la véracité des comptes rendus de « la Société, attendu que sa situation avait été minutieuse- « ment examinée par les employés du gouvernement, et que « le contrôle de ce dernier était au-dessus de tout soupçon. « Tous les faits avancés par la Compagnie étaient sincères « comme la Bible, inattaquables comme elle, puisque l'in- « tendant supérieur du gouvernement les avait contrôlés. »

L'intendant supérieur avait, en effet, déclaré que pour l'exercice 1875, la Continentale de New-York avait un excédent de £ 145,000, cela n'a pas empêché que l'année suivante, la Compagnie est honteusement tombée en faillite et que l'instruction ouverte à ce sujet a démontré que cet excédent n'avait non seulement jamais existé, mais que déjà, depuis nombre d'années, la Société se trouvait dans une situation critique, et qu'elle a pu cacher cette situation défavorable en publiant de faux comptes rendus et en se livrant à des manœuvres frauduleuses, le tout sous les yeux et parfois avec la complicité des agents du gouvernement.

Mais le cas de la Continentale de New-York n'est pas le seul, et les événements en Amérique démontrent ce qu'il faut penser du contrôle tant vanté de l'administration américaine, car c'est sous son égide qu'il a pu se former un système d'agiotage et de fraudes continuelles en matière d'assurance, qui ont eu l'influence la plus néfaste pour les populations.

Et, malgré tous ces événements, l'on ose de nouveau aujourd'hui représenter devant le public européen l'administration américaine, comme une autorité dont le contrôle incessant est la meilleure garantie des faits et chiffres qui sont publiés par les compagnies d'outre-mer, et qui sont absolument inattaquables, quoique l'on n'ait aucun moyen de les contrôler en Europe.

STATISTIQUE DES FAILLITES
des Compagnies d'Assurances américaines.

Nous empruntons à l'*Insurance Year-Book* (Annuaire des Assurances) de 1884-85, publié par le « *Spectator* » de New-Yorck, la statistique suivante, des faillites dans cette branche de l'activité sociale :

Compagnie américaines d'assurances sur la vie ayant
été forcées de suspendre leur fonctionnement par
suite de faillites ou pour d'autres motifs............ 130
Compagnies américaines d'assurances contre l'incendie
ayant été forcées de suspendre leur fonctionnement
par suite de faillites ou pour d'autres motifs....... 460
Compagnies d'assurances actuellement en liquidation.. 147

Sur ces 147 dernières 16, cultivaient la branche de vie, 36 la branche contre l'incendie, 2 l'assurance des transports, etc.

***

En 1878, M. Skinner, de Jefferson, a, de concert avec le gouverneur de l'État. M. Robinson, soumis à la chambre de l'État de New-York un bill (projet de loi), dont voici l'exposé des motifs :

« Je sais, dit-il, que, dans ces sept dernières années, toute
« une série de compagnies d'assurances sur la vie ont dispa-
« ru, disparition qui a causé au public un préjudice de
« 36,927,000 dollars. Cela suffit pour démontrer la valeur
« du département des assurances (Autorité publique chargée
« de surveiller ce domaine de l'activité nationale). A mon
« avis, ce qu'il y aurait de plus raisonnable à faire, ce se-
« rait de supprimer ce département. »

***

A l'occasion d'une convention nationale d'assurances, réunie à Providence, le 7 août 1878, composée des surintendants et des commissaires d'assurances de huit Etats américains, un membre de cette convention. M. Welch, a résumé le passé des compagnies d'assurances dans les termes suivants :

« Je sais que, dans ces sept dernières années, toute une
« série de compagnies d'assurances sur la vie ont disparu de
« la scène et que le public a, de ce chef, perdu la somme de
« 36,927,000 dollars.

« Il est prouvé que 190 compagnies d'assurances sur la
« vie ont existé dans ce pays, sans compter les corporations
« assurantes. Aujourd'hui il n'en reste plus que 62. Sur les
« autres, 68 *ont fait faillite*, 17 ont suspendu leur fonction-
« nement ou bien ont disparu sans que l'on sache comment,
« et 43 ont fusionné avec des compagnies que l'on peut, à
« l'heure qu'il est, considérer comme insolvables. Donc,
« dans l'espace de dix à douze ans, 128 compagnies ont hon-
« teusement croulé au grand désenchantement des nom-
« breux intéressés. »

La résolution prise au sein de cette convention a constaté
expressément que la loi existante, qui a mission de protéger
les assurés, ne suffisait pas et ne pouvait pas non plus empêcher l'écroulement d'institutions d'assurances sur la vie. On a
insisté sur la nécessité de faire une nouvelle loi, aux termes
de laquelle « les compagnies d'assurances de toute nature
seraient obligées de déposer tout leur actif dans les caisses
de l'Etat ».

Pour comprendre cette exigence, il suffit de la citation
suivante :

« En 1878, le président de la Compagnie *The Security Life*
« a été condamné à cinq ans de travaux forcés pour avoir
« fabriqué de faux bilans, au moyen desquels il présentait
« des valeurs fictives comme constituant un actif réel ; et, à
« la même époque, le président de la Compagnie *The*
« *National Capitol* a été condamné à deux ans de prison,
« pour avoir détourné la plus grande partie de l'actif de la
« Compagnie *The New Jersey Mutual*, qui avait fusionné
« avec celle dont nous venons de parler. »

##

Les pratiques funestes auxquelles donnent lieu les procédés
des liquidateurs (receivers) ont été de nouveau, le 26 avril de

l'année dernière, l'objet d'une discussion au sein de la Chambre législative de New-York. Le député Sharpe a fait ressortir les abus monstrueux qui s'opéraient autour de ces fonctions et la nécessité de modifier radicalement la loi sous ce rapport. Vingt-deux de ces liquidateurs auraient gardé pour eux un million de dollars sur les sommes à eux confiées et dix-neuf d'entre eux conservent encore l'exercice de leurs fonctions.

Les liquidateurs de quatorze compagnies d'assurances sur la vie auraient mis dans leurs propres poches la somme de 750,000 dollars.

Assurances américaines sur la vie qui ont cessé d'exister par suite de faillite, liquidation, ou pour toute autre cause.

Année de la FONDATION	NOM DE LA SOCIÉTÉ	SIÈGE DE LA SOCIÉTÉ	Année de la DISSOLUTION	CAUSE DE LA DISSOLUTION
1867	Alabama mutual	Selma	1868	Liquidation.
1847	American mutual	New-Haven	1873	Fusion.
1866	American national	New-Haven	1875	Fusion.
1868	American tontine	New-York	1871	Fusion et faill. *
1866	American popular	New-York	1877	Faillite.
1869	Amicable mutual	New-York	1873	Fusion et faillite
1869	Anchor life	Jersey	1872	Faillite.
1868	Arlington mutual	Richmond	1869	Fusion.
1868	Asbury life	New-York	1873	Faillite.
1866	Atlantic mutual	Albany	1877	Faillite.
1866	Atlas life	Saint-Louis	1872	Fusion et faillite
1835	Baltimore	Baltimore	1867	Fusion.
1870	Ben Franklin	New-York	1870	Fusion.
1867	California mutual	San Francisco	1872	Fusion et faillite
1867	Carolina life	Memphis	1873	Fusion et faillite
1861	Chicago mutual	Chicago	1861	Fusion.
	Chicago	Chicago	1877	Faillite.
1867	Cincinnati mutual	Cincinnati	1874	Fusion.
1868	Commonwealth	New-York	1875	Fusion et faillite
1866	Continental life	New-York	1876	Faillite.
	Columbia	Saint-Louis	1876	Faillite.
1868	Craftsmen's	New-York	1872	Fusion et faillite
1849	Crescent mutual	New-Orleans	1850	Faillite.
1868	Delaware mutual	Wilmington	1873	Fusion.
1868	De Soto	Saint-Louis	1871	Fusion et faillite
1867	Diamond state mutual	Wilmington	1868	Dissolation.
1869	Eagle	Chicago	1869	Fusion et faillite
1847	Eagle life et health	Jersey	1853	Fusion.
1868	Eclectic life	New-York	1873	Faillite,
1866	Economical mutual	Providence	1873	Fusion et faillite
1869	Empire mutual	New-York	1872	Fusion et faillite
	Empire mutual	Chicago	1869	Fusion et faillite
1869	Empire state	Watertown	1872	Fusion.
1842	Equitable life et trust	Philadelphia	1852	Fusion.
1867	Excelsior	New-York	1873	Fusion.
1869	Farmers et Mechanics	New-York	1871	Fusion et faillite
	Franklin	Indianopolis	1882	Résiliation des traités
	General life et accid	Newark	1869	Fusion.
1869	Georgia mutual	Macon	1870	Fusion.
1864	Globe mutual life	New-York	1879	Faillite.
1870	Government security	New-York	1874	Fusion et faillite
1869	Great Western	Chicago	1870	Fusion et faillite
1865	Great Western mutual	New-York	1870	Faillite.
1853	Greenborough mutual	Greenborough	1865	Faillite.
1859	Guardian mutual	New-York,	1873	Faillite.

* Dans cette catégorie on range les Sociétés ayant fusionné d'abord avec d'autres et ayant fait faillite tout de suite après.

Année de la FONDATION	NOM DE LA SOCIÉTÉ	SIÈGE DE LA SOCIÉTÉ	Année de la DISSOLUTION	CAUSE DE LA DISSOLUTION
1866	Hahneman	Cleveland	1872	Fusion et faillite
1867	Band in-hand mutual	Philadelphia	1875	Liquidation.
1869	Hercules	New-York	1873	Faillite.
	Homestead bank et life.	Pittsburg	1880	Faillite.
1866	Home mutual	Cincinnati	1871	Fusion.
1869	Hope mutual	New-York	1872	Fusion et faillite
1846	Hope mutual	Stamford	1852	Faillite.
1852	Howard life	New-York	1856	Fusion.
1869	International life	Chicago	1873	Fusion et faillite
1868	International life	Jersey	1872	Fusion.
1869	Iron City mutual	Pittsburg	1871	Faillite.
1850	Jefferson life	Cincinnati	1856	Fusion.
18'5	Kentucky mutual	Covington	1856	Faillite.
1855	Keystone mutual	Harrisburg	1870	Faillite.
1869	Laboringsmans	Kewanee	1870	Faillite.
	Associat. of America	Saint-Louis	1878	Faillite.
	Louisiana	New-Orleans	1881	Liquidation.
1867	Masonic Orph. home	Nashville	1869	Fusion et faillite
1818	Massachus Hosp. life	Boston	1840	Résiliation.
1870	Merchants	New-York	1875	Fusion et faillite
1849	Merchants et Planters	New-Orleans	1852	Faillite.
1875	Minnesota mutual	Saint-Paul	1875	Fusion.
1866	Mississippi Valley	Louisville	1872	Fusion et faillite
1867	Missouri mutual	Saint-Louis	1874	Fusion et faillite
	Missouri Valley	Leavenworth	1879	Résiliation.
1868	Mound city	Saint-Louis	1875	Changem. de raison soc.
1849	Mutual benefit	Nouvelle-Orl.	1853	Faillite.]
1845	Mutual life	Baltimore	1857	Fusion.
1872	Mutual life	Pittsburg	1875	Faillite.
1865	Mutual life	Chicago	1876	Faillite.
1868	Mutual Protection	New-York	1872	Fusion et faillite
1869	Nashville	Nashville	1876	Fusion et faillite
1851	Nashville mutual	Nashville	1855	Faillite.
1865	National life	Chicago	1874	Faillite.
1863	National life	New-York	1873	Fusion.
1867	National capital	Washington	1873	Fusion.
1865	National life et health	Kalamazoo	1866	Faillite.
1851	National safety et trust	Philadelphia	1852	Faillite.
	New Jersey mutual	Newark	1877	Faillite.
1866	New-York state	Syracuse	1872	Fusion et faillite
1862	North Amerika	New-York	1874	Fusion et faillite
1860	North Amerika	Philadelphia	1875	Fusion.
1850	North Amer. mut. life	Philadelphia	1853	Fusion.
1849	North Carolina	Raleigh	1862	Faillite.
1840	Ohio life et trust	Cincinnati	1857	Fusion.
	Peabody	New-York	1872	Fusion et faillite
1848	Philadelphia	Philadelphia	1879	Résiliation.
1849	Phœnix	Saint-Louis	1851	Fusion.
	Piedmond et Arlington	Richmond	1880	Faillite.
1870	Policyholders life	Charleston	1873	Fusion.
	Protection	Chicago	1877	Faillite.
	Provident	Chicago	1867	Fusion et faillite
1867	Provident fund life	New-York	1868	Dissolution.
1870	Republic	Chicago	1874	Faillite.
1872	Reserve mutual	New-York	1872	Fusion et faillite
1869	Safety Deposit	Chicago	1873	Fusion et faillite

Année de la FONDATION	NOM DE LA SOCIÉTÉ	SIÈGE DE LA SOCIÉTÉ	Année de la DISSOLUTION	CAUSE DE LA DISSOLUTION
1862	Security	New-York	1876	Faillite.
1854	Southern mutual	Columbia	1868	Faillite.
1866	Southern mutual life	Mobile	1869	Fusion.
1849	Spring Garden	Philadelphia	1853	Fusion.
1867	Standard	New-York	1871	Fusion et faillite
1857	Saint-Louis mutual	Saint-Louis	1873	Fusion et faillite
	Saint-Louis life	Saint-Louis	1875	Fusion et faillite
1850	Southern mutual	New-Orleans	1853	Fusion et faillite
1847	Southern mutual	Athens	1856	Fusion et faillite
1866	Southern life	Memphis	1876	Faillite.
1854	Sousquehanna mutual	Harrisburg	1856	Fusion.
1869	Teutonia	Chicago	1876	Faillite.
1870	Texas mutual	Galveston	1875	Fusion.
1847	Trenton mutua	Trenton	1852	Faillite.
1848	Union assurance	New-York	1840	Faillite.
1867	United Security	Philadelphia	1871	Fusion.
1867	United states	Lafayette	1868	Faillite.
1850	United states annuity	Hartford	1851	Faillite.
1860	United states life	Philadelphia	1862	Faillite.
1865	Universal life	New-York	1881	Faillite.
1856	Western	Cincinnati	1869	Fusion.
1867	Western mutual	Saint-Louis	1869	Fusion et faillite
1864	Western et Orph. ben.	New-York	1872	Fusion et faillite
1868	Widow et Orphans	Saint-Louis	1868	Fusion.
1867	Widow et Orph. fund	Nashville	1876	Faillite.
1869	Wilmington	Wilmington	1873	Fusion.
1868	World mutual	New-York	1875	Fusion et faillite

RÉCAPITULATION

Parmi ces 128 compagnies ayant cessé leurs opérations dans les États-Unis :

83 ont disparu par suite de faillite directe ou de faillite après fusion avec une autre société ;

45 par suite de fusion ou en raison d'autres causes ; soit :

128 en tout.

Parmi les 83 compagnies tombées en faillite, 23 avaient leur siège à New-York ; et la dissolution de 66 compagnies tombe dans la période de 1866 à 1881.

TABLE DES MATIÈRES

Paris. — Imp. Nouvelle (Ass. ouv.), 11, rue Cadet. — G. Masquin, dir. — 17363